WEIL ICH ES DIR
NICHT SAGEN KONNTE

Uwe Böschemeyer

WEIL ICH ES DIR NICHT SAGEN KONNTE

Vom Schatten des Schweigens zur befreienden Wahrheit

ecoWIN

FSC
www.fsc.org
MIX
Papier aus verantwortungsvollen Quellen
FSC® C012536

Das für dieses Buch verwendete FSC-zertifizierte Papier EOS lieferte Salzer, St. Pölten.

Gesetzt aus der Sabon

Medieninhaber, Verleger und Herausgeber:
Red Bull Media House GmbH
Oberst-Lepperdinger-Straße 11–15
5071 Wals bei Salzburg, Österreich

Gesamtherstellung: Buch.Bücher Theiss, www.theiss.at
Printed in Austria
ISBN 978-3-7110-0079-8

1 2 3 4 5 6 7 8 / 18 17 16 15

Für meine Frau Christiane

Inhalt

Vorwort

»Weil ich es dir nicht sagen konnte« – als mein Verleger Dr. Hannes Steiner mir diesen Titel für ein neues Buch vorschlug, war ich wie elektrisiert. Auf der Stelle begriff ich, dass das Thema von großer Wichtigkeit ist. Denn viele, viel zu viele leben mit einem Druck auf der Seele, der ihre Lebensqualität vermindert oder sie gar veranlasst, sich das Leben zu nehmen. Der Druck hat unterschiedliche Ursachen. Doch nicht der Druck selbst ist es, der das Leben beschwert, sondern oft genug dieses: *dass die Bedrückten das, was sie beschwert, nicht aussprechen*. Die Folgen aber des Verschweigens beziehen sich keineswegs nur auf den Schweiger, sondern ebenso auf die Nächsten und die Mitwelt.

Kaum vorstellbar, was wäre, wenn wir das, was unaussprechbar zu sein scheint, ausspräche\u00adn, wenn wir mehr Mut zur Wahrhaftigkeit entwickelten! Wir würden unsere persönliche Situation erleichtern und persönlich einen Beitrag zur Humanisierung unserer Gesellschaft leisten. Ob das eine Utopie ist? Nur für den, der allein an technologische Weiterentwicklungen glaubt.

Die meisten Beispiele, die ich in diesem Buch darstelle, stammen aus meiner Praxis. Es versteht sich von selbst, dass die handelnden Personen nicht erkennbar sind.

Jedem Beispiel schließen sich Nachgedanken an. Dabei geht es mir nicht darum, die Themen des vorlaufenden Abschnitts ausführlich zu behandeln. Vielmehr folge ich aus meiner Betroffenheit heraus eigenen Impulsen. Ich hoffe, dass Leserinnen und Leser, die bei einer Problemdarstellung Verwandtes entdecken, sich verstanden fühlen und ermutigt werden, das auszusprechen, was sie schon lange bedrückt hat.

Wichtig war mir auch, von zwei Menschen zu erzählen, die sich das Leben nahmen und ein Muster für schicksalhaft *nicht* notwendigen Selbstmord sind – wenn es Gespräche im Vorfeld gegeben hätte.

Drei Beispielen habe ich mehr Raum gegeben als anderen. *Das erste*: »Weil ich mich so schämte« schildert die Problematik eines zwangsgestörten Mannes und sein Schamgefühl, eine Situation, in der sich viele Millionen Menschen wiederfinden könnten. *Das zweite*: »Weil ich zu feige war« berichtet von einem Mann, der zwei Jahre brauchte, ehe er seiner Frau offenbarte, dass er eine Freundin hat. Angesichts der Tatsache, dass etwa in Deutschland jährlich ca. 200.000 Ehen geschieden werden und wahrscheinlich nicht weniger Lebenspartner sich trennen, erschien es mir wichtig, auf diese Problematik näher einzugehen. *Das dritte Beispiel* beschreibt die Angst von Menschen vor Menschen im Beruf mit der Folge, dass auch das Privatleben massiv gestört wird. Deshalb habe ich die Angst eines Mannes vor seinem Chef, unter dem er und seine Frau drei Jahre lang scheinbar aussichtslos gelitten haben, ausführlich dargestellt.

Dieses Buch will dazu ermutigen, einem oder mehreren vertrauten Menschen das zu sagen, was diese unbedingt wissen sollten. Wenn zum Beispiel eine Frau in der Kindheit von ihrem Vater missbraucht wurde und ihr Mann davon nichts weiß, kann er weder wissen, warum seine Frau so ungern mit ihm schläft, noch darüber nachdenken, wie er ihr behilflich sein könnte.

Nein! Dieses Buch will niemanden dazu überreden, »alles« zu sagen, auch nicht *das* Geheimnis. Das Buch will vielmehr dafür werben, niederdrückende Ereignisse, Erlebnisse, Erfahrungen, die die Seele nur schwer allein verkraften kann, einem anderen anzuvertrauen, *sofern das sinnvoll ist.*

»Manche Wahrheiten sollen nicht gesagt werden«, sagte der weise Wilhelm Busch, »manche brauchen's nicht, manche müssen es.«

Es ist mir ein Anliegen, mich bei meiner Frau zu bedanken, die mir in vielen Gesprächen über dieses Buch Zeit geschenkt und wertvolle Hinweise gegeben hat.

Einleitung

Erst im letzten Jahr, als ich 75 Jahre alt wurde, verminderte sich mein Drang, Bücher über die Waffen-SS zu lesen, Filme über jene Zeit anzusehen und Dokumentationen zum Nationalsozialismus zu studieren. Ich weiß nicht, wie viele Stunden ich darüber nachdachte, warum ausgerechnet mein Vater bei der SS »gelandet« war, was er wohl »gemacht«, ob auch er gemordet oder ob er – vielleicht – »nur« in der »Schreibstube« gesessen hatte.

Ich wohnte mit meinen Eltern nur wenige Kilometer vom Konzentrationslager Sachsenhausen, nahe Berlin, entfernt. Hätte mir jemand die für Kinder gewiss unübliche Frage gestellt, ob ich mich hier zu Hause fühlte, wäre mir die Antwort nicht leichtgefallen. Meine Mutter war da, und das war gut. Vom Küchenfenster aus sah ich den in meiner Erinnerung mächtigen Truthahn, vor dem ich mich fürchtete. Nur einen Weg kannte ich: den zu einem »Kolonialwarenladen«, doch dieser Weg wurde mir nie vertraut. Aus heutiger

Sicht scheint mir, als sei die ganze Umgebung dieses grausamen Lagers verseucht gewesen. In dieser frühen Zeit meines Lebens erinnere ich mich an meinen Vater kaum, weil er ständig »Dienst« hatte.

Nur zu Silvester 1943/44 sehe ich ihn vor mir, mit ihm seine »Kameraden«. Sie trugen für meine Kinderaugen eine umwerfend schöne, schwarze Uniform, an denen lange Säbel hingen. Nur schwach erinnere ich mich daran, dass ich mich fragte, welche Bewandtnis »diese scharfen Dinger« hätten.

Später – ich war schon Student – erzählte mir meine Mutter, mein Vater sei oft bedrückt nach Hause gekommen. Auf ihre Frage nach dem Grund habe er nur geantwortet: »Ich sag's dir lieber nicht.« *Hätte er es doch getan!*

Ich habe wenig Konkretes über ihn erfahren, über diesen Mann, der mein Vater war, der so fremd, aber gut roch, der in den wenigen Wochen vor Kriegsende, in denen ich ihn längere Zeit erlebte, so gut zu mir war und mich in seinen starken Armen barg. Er kam nie mehr nach Hause zurück.

Hätte ich doch mehr über ihn erfahren! Nicht nur von den Orten, an denen er kämpfte, oder von seinen Verletzungen, sondern über die Gründe des großen Schattens, der fast ein ganzes Leben auf meiner Seele lag, weil ich nicht erfuhr, was sich hinter diesem schönen und liebenswert erscheinenden Männergesicht verbarg. Mir wären viele innere Auseinandersetzungen erspart geblieben. Mein Durst nach Klarheit wäre irgendwann gestillt gewesen. So aber überkam mich bis vor Kurzem in Gedanken an meinen Vater immer wieder eine tief greifende Traurigkeit und manchmal auch ein großer Zorn.

Es gibt keine Zahlen darüber, wie viele Menschen ein Geheimnis in sich und mit sich tragen, das sie beunruhigt, einengt, deprimiert, quält, Schuldgefühle verursacht, Beziehungsstörungen auslöst, ihr Leben bestimmt. Menschen, die das, was sie in sich tragen, einem anderen, zum Beispiel dem eigenen Mann, der eigenen Frau, dem Bruder, der Schwester, dem Freund oder vielleicht dem Richter, sagen möchten, vielleicht auch sollten, »es« aber, was immer »es« sei, nicht über die Lippen bringen. Und wenn »es« einmal gesagt ist und sie dann gefragt werden: »Warum hast du mir das nicht schon längst gesagt?«, lautet oft die Antwort: »Weil ich es dir nicht sagen konnte.«

Nicht sagen *konnte*? Aus Scham nicht? Aus Stolz nicht? Aus Angst nicht? Um den anderen nicht zu verlieren? Um ihn oder sie nicht zu verletzen? Um sich im Geheimen an ihm oder ihr zu rächen? Es ließen sich weitere Motive finden, warum Menschen für sich behalten, womit ihre Seele nicht einverstanden ist. Ich bin jedoch davon überzeugt, dass die meisten durchaus ehrlich gemeinten Erklärungen lediglich *Auslöser* für das Schweigen sind, nicht aber der wirkliche *Grund*. Und der wäre?

Sich dessen nicht bewusst zu sein, wie gut das tut, wie frei das macht, wie leicht man wird, wie viel anders das Leben in der Gegenwart wird, wenn man das, was sich in der Seele festgehakt hat, dem mitteilt, der von dem Geheimnis wissen sollte. Nicht immer. Nicht in jedem Fall. Manchmal kann es sein, dass der, dem das Geheimnis zugemutet wird, damit nicht fertig wird. Und doch! Wer es wagt, aus dem Schatten des Schweigens herauszutreten, wird anders, freier, selbstbewusster leben können. Nicht immer gleich, aber in überschaubarer Zeit, selbst dann, wenn der andere nicht oder nicht gleich »positiv« reagiert.

Zweifellos gehen Menschen unterschiedlich mit dem um, was sie bedrückt und was sie »eigentlich« sagen wollten:

- Ein *Perfektionist* etwa hat es nicht leicht, sein Geheimnis zu »offenbaren«. Es könnte ja sein, dass durch seine »Beichte« das erhofft günstige Bild, das der/die andere von ihm bislang hatte, schweren Schaden nehmen würde.

- Auch jemand, der seine wichtigste Aufgabe darin sieht, *für andere da zu sein*, hat es nicht leicht, sich einem anderen anzuvertrauen. Er meint, sich ihm nicht zumuten zu können. Wenn jemand anderen zu Hilfe kommt, dann doch er!
- Im Vergleich zu den beiden eben genannten Charakteren kann der *»Macher«*, der stark nach außen orientiert ist, sein Geheimnis leichter für sich behalten. Seine innere Welt ist sein Interessengebiet oft erst dann, wenn es ihm seelisch oder körperlich nicht gut geht.
- Für den *romantischen, künstlerischen* Charakter gehören Geheimnisse zum Leben. Er ist jedoch feinsinnig genug, um zwischen bewusst verdeckt gehaltenen Tatsachen und urpersönlichen Seiten seiner Seele unterscheiden zu können. Daher kann er den Mut aufbringen, das, was ein anderer wissen sollte, auch zu sagen.
- Der primär *analytisch orientierte* Mensch wägt sorgsam ab, was zu sagen vernünftig ist und was nicht. Geht er davon aus, dass die Mitteilung seines Geheimnisses den anderen

»umbringen« würde, hat er also ein klares Motiv für sein Schweigen und wird gut damit weiterleben können.

- Jemand, der vor allem die *Gemeinschaft* mit anderen braucht, hat es aus zwei Gründen schwer, sein Geheimnis für sich zu behalten: zum einen, weil er ein tiefes Pflichtbewusstsein anderen gegenüber empfindet, zum anderen, weil er nicht zu den Mutigsten gehört und befürchtet, sie oder ihn zu verlieren.
- Sie kennen wahrscheinlich ein *»Glückskind«*, den Sonnensucher, dem diese Welt oft wie eine Spielwiese für Erwachsene erscheint. Das Leben ist schön. Basta! Verschont mich mit euren Problemen! Doch wenn er selbst zum Beispiel einen Seitensprung gemacht hat und seine Schweigebarrieren einen Riss zeigen, kommt er wenigstens auf die Idee, ob es nicht ratsam sei, mit seiner »Wahrheit« herauszurücken.
- Sie kennen gewiss auch einen *»Boss«*, jenen Cheftypen, der das Sagen hat. Der stark ist. Der die Neigung hat, vor allem andere zu kontrollieren, nicht sich selbst. Der nicht besonders willig ist, sich auf die eigene Brust zu klopfen, wenn etwas schiefgelaufen ist. Seine Bereitschaft, sein Geheimnis einem anderen zu sagen? Wenn er sich dessen bewusst wird, dass

das Zurückhalten seines Geheimnisses Schwäche bedeuten würde, »bekennt« er, was es zu sagen gibt.

- »*Der Stille im Lande*«, der sich zurückhält, der nur manchmal aus sich herauskommt und sagt, was er denkt, hat die Tendenz, sein bedrückendes Geheimnis tief in sich zu vergraben – und doch darunter zu leiden.

Immer aber kommt es primär nicht darauf an, wozu ein Mensch aufgrund seines Charakters neigt, sondern darauf, ob ihm bewusst wird, was er gewinnt, wenn er sich die Freiheit nimmt, seine Seele durch seine Offenheit zu entlasten.[1]

---

1 Siehe dazu Uwe Böschemeyer: Du bist viel mehr. Wie wir werden, was wir sein könnten, Salzburg 2010.

Aspekte eines wertorientierten Gesprächs

Jedes wertorientierte Gespräch ist *mehr* als ein Gespräch zwischen Menschen, die sagen, was sie im Augenblick denken, empfinden und fühlen und so nur *sich* zum Ausdruck bringen, und auch das nur sehr begrenzt. Ein solches Gespräch lebt vor allem von *bisher* Gedachtem und Gefühltem. Ein wertorientiertes Gespräch lebt im Besonderen von dem, was die Gesprächspartner bisher *noch nicht* gedacht, gefühlt und gesagt haben: von der Erweiterung des Denk- und Fühlhorizonts. Es lebt von der Ausrichtung auf *neue* Wert- und Sinnerfahrungen. Erst dann, wenn sich die Beteiligten dafür offenhalten, erleben sie ein befreiendes Gespräch.

Ganz wichtig: Die Seele ist polyphon, d. h. vielstimmig, vielmeinend und vielsagend. Sie ist ein »Speicher« und Netzwerk von Gedanken- und Gefühlsvarianten mit unermesslicher Weite. Das bedeutet, dass das, was ein Mensch *zunächst* zum Ausdruck bringt, ein Bruchteil dessen ist, was in ihm vorgeht. Daher bedarf ein günstig verlaufendes Gespräch bestimmter Voraussetzungen. Drei wichtige Punkte:

- Ich bereite mich auf ein wichtiges Gespräch vor. Dazu suche ich die Stille. Denn die Stille ist der »Ort«, an dem sich die Seele sammelt und sich deutlicher als sonst zur Sprache bringt. Vernachlässigte Gedanken und Gefühle gewinnen wieder Raum. Das Tor zur Intuition weitet sich. Bilder des Geistes werden sichtbar, Gründe für Leben fühlbar. Die Wurzeln der Wörter zeigen sich. Die Worte werden elementar, echt, unmittelbar. In der Stille lasse ich das Gesicht dessen, dem ich begegnen werde, kommen. Eine innere Beziehung zu ihm entwickelt sich. Mir kommen Einfälle, Ideen, Worte für ihn.
- Das muss man wissen: Wenn einer dem anderen »die Wahrheit« sagt, wird der andere den einen sicher nicht anstrahlen. Wenn einer dem anderen etwas Unangenehmes mitteilt, wird sich der andere gewiss nicht freuen. Und deshalb befürchten manche, sie könnten, wenn sie sich klar und eindeutig verhielten, die Zuneigung oder gar die Liebe des anderen verlieren. Doch häufig ist das Gegenteil der Fall:

Wer sich einem anderen gegenüber klar verhält, wird ihn zwar nicht beglücken, vielleicht aber seine Achtung gewinnen und seine Zuneigung auf Dauer nicht verlieren.

- Konkrete »Schritte«:
  - die *Bereitschaft*, miteinander sprechen zu wollen
  - wahrhaftig zu sein
  - den anderen anzusehen und ihm/ihr damit Ansehen zu schenken
  - den anderen ausreden zu lassen, sodass ihm/ihr Zeit bleibt, vielleicht auch das bisher Ungesagte sagen zu können
  - den anderen zu fragen, wenn etwas fragwürdig ist
  - die Bereitschaft, nicht nur zuzuhören, sondern auch *hinzuhören*
  - die Bewusstmachung, dass der andere nicht meinen, sondern *seinen* Blickwinkel hat
  - so wenig wie möglich eigene Probleme auf den anderen schieben
  - vor allem das Liebenswerte im anderen zu suchen
  - auch einmal miteinander zu schweigen und auf *neue* Worte zu warten
  - fragen, wie aus dem Gespräch *Lösungen* entstehen können.

*

Zur Einstimmung auf unser Thema erzähle ich Ihnen, liebe Leserinnen und Leser, eine kleine südamerikanische Geschichte, die die Kernproblematik dieses Buches präludiert.

*

Weil ich ihr nicht wehtun konnte – Brief an eine Mutter

»San Juan, Puerto Rico
8. März 1979

Liebe Mutter!
Mir geht es gut hier, so wie ich es mir gewünscht hatte. Gleich nach meiner Ankunft fand ich Arbeit. Ich verdiene 40 Pesos die Woche und damit lebe ich wie Don Paco, der Verwalter von der Zuckerfabrik.
Ich habe das Kleid, das ich dir versprochen habe, noch nicht gekauft, weil ich es in einem guten Geschäft kaufen will. Sag der Rosa, wenn du sie siehst, dass ich ihr ein Geschenk für ihr Kind mitbringe. Vielleicht kann ich ein Foto von mir machen lassen, das schicke ich dir dann. Vor ein paar Tagen habe ich Felo gesehen, den Sohn von der alten Maria. Er hat auch Arbeit, aber verdient weniger wie ich.

Jetzt muss ich Schluss machen. Vergiss nicht, mir zu schreiben und erzähle mir alles, was bei euch passiert.
Dein dich liebender Sohn Juan

Nachdem er den Brief unterzeichnet hatte, faltete er sorgfältig das fleckige und zerknitterte Papier und steckte es in die Hemdtasche. Dann ging er zur nächsten Post, zog die Mütze in die Stirn und hockte sich auf die Schwelle der Eingangstür. Er krümmte die linke Hand einwärts, als ob sie verkrüppelt sei, und streckte die rechte vor, mit der Handfläche nach oben.

Als er zwölf Centavos beisammen hatte, kaufte er einen Umschlag und Briefmarken und warf den Brief in den Kasten.«[2]

Was mag Juan empfunden haben, nachdem er den Brief in den Kasten geworfen hatte? Ich vermute, dass seine Gefühle gemischt waren. Vermutlich sah er im Geist seine Mutter mit dem Brief in der Hand, die erleichtert war, dass es ihm (scheinbar) gut ging. Wahrscheinlich, dachte er, war sie auch stolz auf ihn. Doch die Wahrheit war eine

---

2 José Luis González, Der Brief, aus: Peter Schultze-Kraft (Hg.), Der Herr der Berge. Südamerikanische Geschichten aus alten und neuen Zeiten, Darmstadt/Neuwied 1979, S. 147 f. Die Orthografie wurde angepasst.

andere. Er spürte, wie sich seine Brust zusammenzog, wie er sich zu schämen begann. Mit sich uneins war. Wie er sie enttäuscht hatte …

Was aber wäre gewesen, wenn er sie *nicht* getäuscht, wenn er den Mut gehabt hätte, ihr die Wahrheit zu schreiben? Wenn er ihr sein tatsächliches Dasein in San Juan geschildert hätte? Hätte er dadurch etwas gewonnen?

Zunächst nichts, denn sicher wäre ein Brief der Mutter zurückgekommen, er möge so schnell wie möglich nach Hause fahren. Dann wäre er in einen Konflikt geraten. Einerseits: Hatte San Juan ihn nicht gelockt, hier sein Glück zu finden? Sollte er deshalb nicht noch einmal versuchen, hier Fuß zu fassen? Andererseits: Wäre es nicht tatsächlich vernünftig, dem Wunsch der Mutter zu folgen? Wäre es nicht an der Zeit, seinen Traum vom Glück in der Ferne aufzugeben? Also: Was hätte er gewonnen, wenn er seiner Mutter gegenüber wahrhaftig gewesen wäre? Ich weiß es nicht. Vielleicht dieses: Nach anfänglichem Schamgefühl eine erste Erleichterung: »Es ist raus – nun weiß sie es – ich hab's geschafft – keine Ausreden mehr, keine Lügen – ich fühle mich freier – ich hab' zu mir gestanden! – bin gespannt, was jetzt kommt – da ist doch mein alter Lehrer, der immer Ideen hat …«

Mut zur Wahrhaftigkeit

Wahrhaftigkeit ist die Übereinstimmung zwischen dem, was wir denken, sagen und tun. Sind wir in diesem Sinne wahrhaftig, fühlen wir uns mit uns selbst eins, befinden wir uns in der Balance, haben wir Stehvermögen. Dann brauchen wir keine Ausreden, Ausflüchte, Verschleierungen, Lügen. Dann brauchen wir nichts zu verdrängen. Verdrängungen aber verbrauchen viel Energie. Deshalb ist Wahrhaftigkeit die Grundlage für eine gelingende Beziehung zu uns selbst, zu anderen, zur Mitwelt. Das bedeutet zugleich, dass Unwahrhaftigkeit Konflikte schafft, mit uns selbst, mit anderen und der Mitwelt.

Wer deshalb zu einer wichtigen persönlichen Wahrheit, die ein anderer oder andere wissen sollte(n), nicht steht, wer seiner »inneren Stimme« keinen Ausdruck gibt, steht unter Druck, gerät in Spannung zwischen dem, wie er sich *faktisch* verhält, und dem, was er *fakultativ* denken, sagen und tun sollte. Deshalb ist er mit sich uneins, nicht entspannt, unzufrieden, oft auch unglücklich, ist er selbstentfremdet, innerlich heimatlos, weil die Kluft zwischen dem, was er denkt, sagt und tut, kaum überbrückbar ist. Und selbstverständlich baut er Barrieren auf vor den »Orten«, an denen Sinn auf ihn wartet.

Was ist *Mut* zur Wahrhaftigkeit?

Zunächst einmal: Mut ist das starke Gefühl, sich von inneren und äußeren Bedrängnissen nicht alles gefallen zu lassen, sondern darauf selbst Einfluss nehmen zu können.

Mut ist keineswegs nur eine angeborene Eigenschaft, keinesfalls nur das Ergebnis kluger Erziehung. Er gehört zur geistigen Ausstattung eines Menschen. Zwar kann er unentwickelt, verdrängt, verleugnet, verschüttet sein. Verloren geht er nicht, weil er in der Tiefe des Unbewussten verwurzelt ist.

Mut zur Wahrhaftigkeit ist demnach die Bereitschaft, etwas zu sagen oder zu tun, was schwierig ist und Folgen haben könnte. Aber sie ist die in jedem gegebene Möglichkeit, sich durch die Angst »hindurchzuglauben« und ihr so wenig wie möglich Raum zu lassen.

Wie *finde* ich Mut zur Wahrhaftigkeit?

Indem ich mir bewusst mache,

- dass mich kaum etwas so stark belastet wie das Verschließen einer persönlichen Wahrheit, die ein anderer unbedingt erfahren sollte.
- dass kaum etwas eine Beziehung so stark belastet wie Mangel an Offenheit.
- dass nichts mehr eine Beziehung stärkt als Vertrauen.
- dass kaum etwas einen Menschen sympathischer macht als ein »freies Bekenntnis«.
- dass kaum etwas die *Identität* und die Beziehung zu anderen mehr fördert als das Eingeständnis dessen, was identitätsfremd ist.
- dass kaum etwas dem *Sinn* näherbringt als dieses: zu dem zu stehen, was man sich selbst und anderen ungern eingestehen möchte.

Mut zur Wahrhaftigkeit finde ich,

- wenn ich mir darüber im Klaren werde, was auf dem Spiel steht, wenn ich »es« verschweige oder nicht sage, was meine Seele bedrückt.
- wenn ich mir die Frage stelle: »Was wäre, wenn ich ›es‹ sagen würde?«, und meine Aufmerksamkeit ausschließlich auf die *rea-*

len Möglichkeiten lenke. Denn die konsequente Ausrichtung auf das, was meine Seele will, öffnet dem Geist die Bahn, Erhofftes Wirklichkeit werden zu lassen.

- wenn ich mir vergegenwärtige, dass der andere, der von meinem »Geheimnis« nicht weiß, es (möglicherweise) »verdient« hat zu erfahren, was mich – vielleicht schon viel zu lange – umtreibt.
- wenn ich meine »innere Stimme« frage, »was jetzt dran« ist.
- wenn ich mich frage, was ich von dem anderen erwarten würde, falls er mir Wichtiges verschweigen würde.[3]

Wer wahrhaftig und also klar ist und sich *selbst* entsprechend verhält, drückt sich selbst aus und ist daher erkennbar. Er vermeidet Missverständnisse. Er mutet sich dem anderen zu und ermutigt ihn, auch seinerseits klar zu sein. »Die Wahrheit ist immer aufregend«, sagte die amerikanische Schriftstellerin Pearl S. Buck. »Also sprich sie aus! Das Leben ist öde ohne sie.«

---

3 Siehe zum Thema »Mut« Uwe Böschemeyer: Warum nicht. Über die Möglichkeit des Unmöglichen, 2. Aufl., Salzburg 2014, S. 144 ff.

*

Noch einmal kehre ich zum Kriegsgeschehen und dessen Folgen zurück. Das folgende Beispiel berührt mich deshalb im Besonderen, weil ich die Frau, die Mittelpunkt der Geschichte ist, seit Langem kenne. Trotzdem wusste ich bis vor Kurzem nichts von dem, was ihr Leben so lange bestimmt hatte. Ich hätte gern früher davon erfahren, weil ich dadurch vertiefte Einsichten auch in mein eigenes Leben gewonnen hätte.

*

Weil der Krieg meiner Familie die Sprache nahm

Ich habe lange nicht geglaubt, dass der Einfluss auf ein Kind durch die Mitwelt bereits im Mutterleib beginnt. Die Praxiserfahrung belehrte mich eines anderen. Als Kriegs- und Nachkriegskind wurde mir auch nicht klar, in welch starkem Maße die Katastrophen jener Jahre die Kinder beeinflussten. Wir waren eben Kinder unserer Zeit und kannten nur diese, keine andere. Wie lange noch werden wir uns mit diesem Thema auseinandersetzen müssen?

Vor wenigen Wochen saßen Lisa D., meine Frau und ich in einem von der Sonne beschienenen Restaurant. Wir sind seit Langem mit Lisa befreundet. Sie ist eine gebildete, lebendige und sehr sympathische Frau. Als ich ihr von meinem Buchtitel erzählte, lehnte sie sich zurück, sah mich seltsam an und sagte: »Dazu könnte ich durchaus etwas beitragen.« Dann begann sie zu erzählen:

»Mein Vater machte sich in den Fünfzigerjahren als Künstler in einer westdeutschen Kleinstadt im Haus seiner Mutter selbstständig. Meine Mutter, die in einem verwandten Beruf arbeitete, verdiente zunächst für die Familie, zu der ich bald gehörte, das Geld. Das hatte zur Folge, dass ich von Geburt an bei meiner Großmutter aufwuchs, die im Nachbarhaus wohnte. Sie war eine patente, resolute, äußerst fleißige Frau, deren ganzes Sinnen und Trachten der Familie galt. Ich vermisste meine Mutter sehr. Zugang zu meinen frühen Erinnerungen bekam ich erst, als vor zehn Jahren meine Beziehung zu meinem Mann zerbrach und es mir so schlecht ging, dass ich mich in eine Therapie begab.

Kurz vor Abschluss meines Studiums bat ich meine Großmutter, aus ihrem Leben zu berichten. Während sie enthusiastisch ihre Kindheit und Jugend schilderte, fiel mir auf, dass noch von einer anderen Person die Rede war, als sie von ihren vier Brüdern sprach. Auf mein wiederholtes Nachfragen hin ergab sich, dass sie noch einen fünften Bruder hatte, der allerdings in der Familiengeschichte nicht vorkam, sodass ich erst Ende meiner Zwanzigerjahre von ihm erfuhr. Ich begann zu recherchieren und fand heraus, dass dieser Bruder am Ende des Krieges umgekommen war. 20 Jahre später setzte ich meine Forschungen zur Familiengeschichte fort und entdeckte, dass auf dem Grabstein meiner Großmutter – sie war schon lange tot – die Namen der vier Brüder standen, nicht aber der des fünften. Die Geschichte des fünften Bruders erfuhr ich erst danach:

Er war in der Kleinstadt Bahnhofsvorstand gewesen und hatte mehrere Pakete gestohlen, Pakete, die an die Front geschickt und wieder zurückgeordert worden waren, weil die Soldaten nicht mehr lebten. Nachdem der Diebstahl einem Gauleiter gemeldet worden war, wurde mein Großonkel sofort verhaftet. Oktober 1944 wurde er wegen Kriegsverbrechens angeklagt. Seine Schwester, meine Großmutter, tat mithilfe eines später bekannt gewordenen Politikers alles, um das Urteil ›Tod durch den Strang‹ bis zum Kriegsende hinauszuzögern. Es gelang ihr nicht.

Kurz vor seiner Hinrichtung ließ man meinen Großonkel einen Handwagen, beladen mit Paketen, vom Bahnhof zu seinem Elternhaus ziehen. Um den Hals hatte man ihm ein Schild gehängt, auf dem ›Kriegsverbrecher‹ stand. Die Kleinstädter standen Spalier, bespuckten und beschimpften ihn. Meine Großmutter indessen lief auf Seitengassen ihrem Bruder entgegen, spannte sich mit vor den Wagen und zog ihn weiter bis zum Elternhaus. Das Spalier löste sich daraufhin auf. Man kam nicht umhin, ihr Respekt zu erweisen. Nach der Hinrichtung wurde seine Leiche in den Main geworfen. Die Urgroßmutter, also die Mutter des erhängten Sohnes, wartete auf ihn. Offensichtlich hatte die Großmutter auch dafür gesorgt, dass sie bis zu ihrem Tode nichts von seinem Ende erfuhr.

Kaum war der Krieg vorbei, als der Mann meiner Großmutter an Darmkrebs erkrankte und zwei Jahre später jämmerlich starb. Sie verkaufte auf dem Schwarzmarkt ihren gesamten Schmuck und kaufte von den Amerikanern Morphium, um den Tod ihres Mannes erträglicher zu gestalten. Ende der Vierzigerjahre muss sie, so weit ich es erfahren konnte, mehr tot als lebendig gewesen sein. Sie war sehr einsam. Ihr Mann war tot, ihre Mutter war tot, ihr Lieblingsbruder war erhängt worden. Ihre Brüder wohnten in der Ferne. Zurück geblieben waren nur ihre Tochter, deren Mann und meine Mutter.

Als ich dann auf die Welt kam und meiner Großmutter übergeben wurde, war ich das einzig Lebendige in ihrem toten Leben. Aber die Beziehung zu ihr war die Hölle. Meine Lebendigkeit war offensichtlich für sie nicht zu ertragen. Sie tat alles, um mich in meiner Lebendigkeit zu beschränken, mich zu reglementieren und zu quälen, dass ich nicht schreie, nicht lache, brav, nicht vorhanden bin und im Grunde genauso tot war wie sie. Der Gedanke an sie ist die Erinnerung an die Kälte des Todes. Diesen Tod war sie schon Ende des Krieges gestorben. Ich denke, dass ich sie am Leben gehalten habe. Diese Bürde, mich um Menschen zu kümmern, die so nah am Tod sind, wurde in mein Leben übertragen, ohne dass ich den Grund kannte.

Kürzlich erzählte mir mein alter Vater, meine Mutter habe ihm vor meiner Geburt das Gelübde abgenommen, niemals meine Großmutter auf das hin anzusprechen, was am Ende des Krieges und Ende der Vierzigerjahre passiert sei – aus Sorge, sie könnte das nicht mehr verkraften. Das aber führte dazu, dass der Hauch des Todes, der aus dieser Zeit stammt, meine Kindheit und mehr als die Hälfte meines Lebens bestimmte.«

Nachgedanken

Im Vorwort zur 13. Auflage ihres wichtigen Buches »Die vergessene Generation« – es erschien 2005 – schreibt Sabine Bode: »Ein Viertel bis ein Drittel der Menschen, die als Kinder Krieg und Vertreibung erlebten oder den Tod eines Elternteils zu verkraften hatten, fühlen sich noch heute belastet.« Darüber hinaus seien acht bis zehn Prozent psychisch krank. Es habe sich inzwischen (auch) in der Medizin herumgesprochen, dass ein nicht unerheblicher Teil der Patienten unter Kriegstraumata leide. Auch schwierige Familienbeziehungen seien nicht selten Spätfolgen von Krieg und NS-Zeit. Viele Schwestern oder Brüder lehnten das Thema Krieg kategorisch ab. Sabine Bode: »Auch *Kinder der Kriegskinder* ... beklagen, wie sehr sie sich durch das Schweigen und Familiengeheimnisse belastet fühlen – Geheimnisse, die ihrer Ansicht nach bis heute Spannungen zwischen den Generationen verursachen ... Ohne Erinnerungsarbeit (aber) gibt es kein Gefühl der Kontinuität des eigenen Lebens – ohne diese gibt es keine positive Identität.«[4] Das bestätigt Günter Grass in seiner Novelle »Im Krebsgang«:[5] »Niemals hätte ... man über so viel Leid, nur weil die eigene Schuld übermächtig und bekennende Reue in all den Jahren vordringlich gewesen sei, schweigen ... dürfen.« Schärfer noch formuliert die Dringlichkeit der Überwindung des Schweigens Dietrich Bonhoeffer, Theologe und Widerstandskämpfer. Er wurde kurz vor Kriegsende

---

4 Sabine Bode: Die vergessene Generation. Die Kriegskinder brechen ihr Schweigen, 13. Aufl., München 2010, S. 11 f.

5 Günter Grass: Im Krebsgang, 9. Aufl., München 2014.

von den Nazis ermordet. Er hatte sich für seine Amtsbrüder aus der Bekennenden Kirche geschämt, weil sie zu den Pogromen und Vorbereitungen zum Zweiten Weltkrieg geschwiegen hatten. In ungewohnter Erregung hatte er vor musikbegeisterten Pfarrvikaren gesagt: »Nur wer für die Juden schreit, darf auch gregorianisch singen.« Und von seiner Kirche sagte er: »Sie war stumm, wo sie hätte schreien müssen, weil das Blut der Unschuldigen zum Himmel schrie.«[6] Inzwischen sei, so Sabine Bode, eine heftige Diskussion und vor allem eine gigantische Erinnerungswelle ausgelöst worden, die bis heute anhalte.

Wenn Menschen der »vergessenen Generation« zu mir kommen, fällt mir die Mühe auf, mit der sie über ihr gegenwärtiges Problem sprechen. Von sich selbst zu sprechen – das haben sie nicht gelernt. Das war und ist, scheint es, nicht wichtig. Und über das zu sprechen, was *früher* geschah, ist für viele glücklicherweise, scheint es, so weit entfernt, dass sie den Sinn solcher Gespräche nicht wirklich einsehen.

---

[6] In Christian Feldmann: Dietrich Bonhoeffer – »Wir hätten schreien müssen«. Ein Leben. Ein Zeugnis, Freiburg i. Br. 2015, S. 91 f.

Wie ich bereits in der Einleitung sagte, bin ich selbst ein Kriegskind. Doch obwohl ich zahllose Selbsterfahrungsstunden absolviert habe, fiel es mir lange Zeit schwer, Abstand zu den Bildern der Kriegs- und Nachkriegszeit zu gewinnen. Immer wieder sah ich, um nur ein Beispiel zu nennen, wie am Palmsonntag 1944, an einem hellen Frühlingstag, plötzlich der Himmel schwarz wurde. Pure Angst breitete sich in mir und den Umstehenden aus. Eine apokalyptische Szenerie! Wir wussten nicht, dass etwa 20 Kilometer von uns entfernt eine Papierfabrik von Bomben getroffen worden war und das verbrannte Papier die gesamte Landschaft in Dunkelheit verwandelte. Noch heute kann ich die näheren Umstände genau beschreiben. Niemand aber sprach mit mir weder an diesem Tag noch später über dieses makabre Bild. Es gab niemanden, der Einsicht und Mut gehabt hätte, mich darüber aufzuklären, warum an einem hellen Frühlingstag ein solch schreckliches Bild in meine Kinderseele dringen durfte. Wie viele Kinder erlebten das Gleiche und weit Schlimmeres als ich!

Sprache aber ist Ausdruck von Seele und Geist. Ist Ausdruck unserer Beziehung zu uns selbst und zu anderen. Ist Ausdruck der Wahrnehmung unserer Wirklichkeit und schafft neue Wirklichkeiten.

Und wenn Sprache fehlt? Dann entfremdet sich der Mensch von sich selbst. Dann bricht die Brücke zwischen ihm und anderen ab. Dann dominiert das Schweigen, das nichts mit der Erfahrung existenzieller Tiefe zu tun hat, sondern Ausdruck existenzieller Leere ist. Existenzielle Leere aber ist Mangel an Sinn.

Weil ich meinem Mann vom Missbrauch nichts sagen konnte

Es gibt Themen in unserer Praxis, an die ich mich nie gewöhnen werde. Dazu gehört in erster Linie das Thema Missbrauch. Da bemächtigt sich ein Mensch eines anderen und begreift offenbar nicht, dass er durch seine brutale Vorgehensweise das Leben des anderen massiv stört, wenn nicht zerstört.

Ich hatte sie 20 Minuten warten lassen müssen, weil ich einen »Notfall« hatte. Ich entschuldigte mich wortreich, sie aber sagte mit leiser Stimme nur: »Macht nichts.«

Was sie zu mir führe, fragte ich sie. Sie blickte mich nicht an, sah wie verloren vor sich hin. Ich erleichterte ihr den Einstieg, indem ich mich danach erkundigte, ob die Anreise anstrengend gewesen sei. So kamen wir allmählich ins Gespräch.

Die Frau war 33 Jahre alt und verheiratet, sie hatte zwei Kinder, arbeitete halbtags. »Was mich zu Ihnen führt?«, nahm sie mein Wort wieder auf. »Ich habe einen tollen Mann. Er sieht gut aus. Ist intelligent. Ist im Beruf erfolgreich. Viele mögen ihn. Ich liebe ihn sehr. Aber ich – ich kann mit ihm nicht mehr schlafen. Und ich weiß auch warum«, fuhr sie fort. Dabei richtete sie sich auf, sah mich fest an: »Nein, mein Mann ist daran ganz unschuldig. Er ist sehr lieb zu mir, macht mir keine Vorwürfe. Manchmal allerdings merke ich, dass er Sehnsucht nach mir hat. Aber ich kann es nicht.«

»Haben Sie eine Idee, warum Sie ›es‹ nicht können?«, fragte ich behutsam. Sie sah mich scheu von der Seite an. Dann schilderte sie mir ihre Geschichte:

In den Ferien war sie mit ihren Eltern oft zu Gast bei den Großeltern, die ein schönes Hotel besaßen. Die Großmutter beschrieb sie als liebe Person. Von ihr erzählte sie so ausführlich, dass ich irgendwann fragte: »Und der Großvater?« Da flüsterte sie leise: »Deswegen bin ich ja eigentlich hier.« Und nun berichtete sie, der Großvater habe sie viele Male missbraucht. Zum ersten Mal, da sei sie fünf Jahre alt gewesen, zum letzten Mal mit zehn. Ob sie »das« nicht gleich ihren Eltern habe sagen können? Nein, denn der Großvater habe ihr eingeschärft, er werde sie in den nahe liegenden Fluss werfen, wenn sie irgendjemandem nur ein

Sterbenswort verraten würde. »Ich hatte doch solche Angst vor ihm!«

»Und Ihr Mann – weiß er von dem, was Sie erlebt haben?« – »Nein. Ich fühlte mich ihm gegenüber immer schmutzig, wertlos. Früher habe ich manchmal gedacht, ich sollte zu den Prostituierten gehen. Ich habe ihm auch deshalb nichts gesagt, weil ich fürchtete, er würde mich verlassen.« Stille.

»Verzeihen Sie«, begann ich wieder das Gespräch, »wie nur haben Sie es so lange ausgehalten, Ihrem Mann nichts von dem Missbrauch zu sagen?« Daraufhin berichtete sie, wie sie ihren Mann kennen- und lieben gelernt hatte, und davon, dass er, als er in der Zeitung von einem ähnlichen »Fall« gelesen habe, gesagt hatte: »So einen Kerl würde ich erschießen!« Fortan habe sie zwar immer wieder »einen Anlauf« genommen, ihm alles zu »beichten«, doch hatte sie jedes Mal der Mut verlassen.

»Darf ich Sie noch einmal fragen, was in all der Zeit in Ihnen vorgegangen ist?« – »Ach«, antwortete sie, »ich fühlte und fühle mich noch immer einsam. Und traurig darüber, dass wir kein normales Eheleben führen, dass zwischen meinem Mann und mir eine unsichtbare Kluft entstanden ist und ich es nicht schaffe, ihm zu sagen, warum ich so bin, wie ich bin. Manchmal lege ich meinen Kopf an seine Schulter und weine. Dann streichelt er mein Haar und sagt: ›Wird alles gut, wird alles gut.‹«

»Und was wäre«, fragte ich, »wenn Sie ihm dann sagen würden: ›Du, ich liebe dich, aber ich kann nicht länger damit leben, dass du etwas nicht weißt, was du wissen solltest‹?«

Zur nächsten Sitzung kam sie sehr bedrückt. Sie hatte sich nach zwei durchwachten Nächten dazu entschlossen, ihrem Mann »alles« zu sagen, auch auf die Gefahr hin, dass er sie verlassen könnte. »Denn einsam bin ich so oder so«, ergänzte sie trotzig. »Und was wäre, wenn sich Ihr Mann ganz anders verhielte – wenn er zum Beispiel gar nichts sagte und Sie still umarmte?« – »Das wäre zu schön, um wahr zu sein«, sagte sie, lachte und weinte zugleich.

Wir brauchten eine Reihe von Sitzungen, ehe Marion ihren Entschluss wahrmachte. Und der Mann? Nicht nur seine Frau, sondern auch er brauchte eine gewisse Zeit, um sich körperlich und seelisch wieder aneinander zu gewöhnen. Aber weil bei beiden nie die Liebe auf dem Spiel stand, fanden sie wieder zusammen.

Nachgedanken

Wie oft werden Frauen von Männern missbraucht! Wie oft sprechen viele darüber nicht! Warum *nicht*? Weil viele es *nicht können*! Doch wenn sie darüber nicht sprechen, kann es sein, dass sie sich auf das grausame Erleben fixieren, dass sie davon festgehalten werden. Dass sie den Peiniger innerlich »nicht loswerden«. Dass Wut und Hass und – seltsam genug – Schuldgefühle bleiben. Dass das Geschehen immer wieder auch die Träume dominiert. Dass der Missbrauch das Leben der Frauen bestimmt. Bleibt die Auseinandersetzung mit der Grausamkeit aus, verschließt sich die Seele nach innen und außen.

Missbrauch und Vergewaltigung sind inhumane Akte, die unter keinen Umständen ungesagt bleiben dürfen. Sie stellen nicht nur ein individuelles, sondern auch ein gesellschaftliches Problem dar. Wichtig wäre deshalb, wenn auch die Medien nicht nur vom Geschehen selbst berichteten – das tun sie hinreichend –, sondern sich mehr noch als bisher mit den *Ursachen* dieser Verbrechen befassten.

Kommt eine Frau zu mir, die missbraucht worden ist, überlasse ich (selbstverständlich) ihr, was sie mir erzählen möchte – vielleicht nicht alles heute, vielleicht einiges später. Als wichtigste Hilfe hat sich für mich die Wertimagination herausgestellt. Sie ist u. a. eine behutsame Form der Traumatherapie. Wertimaginationen sind bewusste Wege in den Bereich des Unbewussten, in dem die spezifisch humanen Werte ihren Grund haben. Diese Werte, also z. B. Freiheit, Liebe, Mut, Güte, Zorn, zeigen sich als Personen, als Gestalten, plastisch, gefühlvoll, stark energetisch, wenn man sich auf sie ausrichtet. Unter dem *Schutz* dieser oder vergleichbarer innerer Gestalten nähert sich die missbrauchte Frau dem früheren Geschehen und verhält sich so, wie sie sich damals unmöglich hätte verhalten können. In der Regel sind mehrere Wertimaginationen erforderlich.[7]

*

Beim nächsten Abschnitt werden Sie sich angesichts dessen, was Sie gerade gelesen haben, fragen, ob hier tatsächlich ein »Problem« vorliegt. Aber – und diese Erfahrung habe ich im Lauf

---

7 Siehe dazu Uwe Böschemeyer, Unsere Tiefe ist hell. Wertimagination – ein Schlüssel zur inneren Welt, München 2014.

mehrerer Jahrzehnte gemacht: Es gibt kein wirkliches Maß zur Beurteilung der Erfahrung von Leiden. Wohl aber gibt es die Möglichkeit, die hilft, den Blickwinkel des einen oder anderen zurechtzurücken.

Ich vergesse eine Patientin nicht, die von weither angereist kam. Sie hatte im Gesicht eine kleine Vertiefung, unter der sie so stark litt, dass sie daran dachte, sich das Leben nehmen zu wollen. Ich selbst gab mir alle Mühe, die Vertiefung zu sehen. Es gelang mir nur mit Mühe. Nein, die Frau war nicht »geisteskrank«. Sie hatte sich – und dafür gab es Gründe – so stark auf ihr »Problem« fixiert, dass sie alles Erfreuliche in ihrem Leben übersah. Unsere Sicht eines Problems ist oft eine andere als die derer, die darunter leiden.

*

Weil ich »die Stelle« abstoßend fand – Fixierung auf ein körperliches Problem

Lang ist's her. Er war, als wir uns damals trafen, ein Mittvierziger. Sein eleganter Anzug fiel mir gleich auf, auch seine geschliffene Sprache. Irgendwie hatte ich das Gefühl, es sei wichtig, einen gewissen Abstand zu ihm zu wahren.

Es verging längere Zeit, ehe er über sein Problem zu sprechen begann. Zunächst beklagte er – dabei schien er wenig berührt zu sein –, dass er nicht wisse, aus welcher Familie er stamme. Vater, Großvater, Urgroßvater, Mutter, Großmutter etc. seien alle miteinander tüchtige Leute gewesen. »Tüchtig?« – »Ja, erfolgreich.« – »Und worin erfolgreich?« Nun, sie hätten alle etwas aus ihrem Leben gemacht. Ob er mir sagen könne, was? Er schien irritiert, denn für ihn war klar, was unter »erfolgreich« zu verstehen war. Er räusperte sich, lächelte mich charmant an und erwiderte: »Also so geht eine psychologische Beratung.« Mir entfuhr ein etwas zu lautes Lachen. Deshalb fuhr ich rasch fort: »Ihre Familie war erfolgreich. War da noch etwas anderes?« Der Mann wirkte ratlos, dachte nach. »Meinen Sie, ob sie auch glücklich war?« Er antwortete selbst, mit einem feinen Anflug von Ironie, er habe bei den jährlich stattfindenden Familienfesten nicht gerade überwältigend viele glückliche Gesichter sichten können.

Warum nur war er gekommen? »Ich weiß, was Sie denken«, unterbrach er mein Nachdenken, »Sie wollen wissen, weswegen ich da bin. Das zu sagen ist gar nicht so einfach. Da ist etwas, was mich seit Jahren bedrückt. Ich habe bis heute mit niemandem darüber gesprochen. Aber es wird Zeit, es zu tun, weil ich sonst das Kostbarste verliere, was ich habe. Nein, bitte, sagen Sie noch nichts, sonst gewinnt der Schweiger in mir wieder die Oberhand.«

Er sah mich nicht an. Er schaute aus dem Fenster. Auf seinen Wangen hatte sich eine feine Röte gebildet. »Manchmal, vor allem, wenn ich im Bett liege, ist der Druck so stark, dass ich aufspringen und laufen, weglaufen möchte. Weglaufen aber wäre das Letzte, was infrage käme, denn dann würde ich, ich sagte es schon, alles verlieren, was ich habe. Meine Frau ist großartig. Sie sieht großartig aus. Hat ein schönes Gesicht. Eine tolle Figur. Eine angenehme Stimme. Ich höre ihr gern zu, wenn sie spricht. Sie ist eine gute Mutter. Meine Familie mag sie. Es fehlt eigentlich nichts.« Fast ruckartig sah er mich an, als bräuchte er meine Zustimmung.

»Eigentlich? Darf ich Sie fragen, was Ihnen an ihr fehlt?« – »Etwas, was ich ihr nie gesagt habe, *weil ich es ihr nicht sagen konnte.*«

»Nicht sagen *konnte?*« – »Nein! Das kriege ich nicht über die Lippen. Das würde sie so verletzen, dass zwischen uns wahrscheinlich alles aus sein würde. Darin bin ich mir ganz sicher.« – »Und doch sind Sie hier, um mit mir darüber zu sprechen.« Er schwieg, senkte den Kopf und sagte leise: »Ich weiß nur, dass es so nicht weitergehen kann.«

»Was wäre denn, wenn Sie mit Ihrer Frau *nicht* ›darüber‹ sprechen würden?« – »Dann würde die Entfremdung zwischen uns weiter zunehmen. Und weil meine Frau so attraktiv ist, würde sie womöglich einem anderen in die Arme laufen.«

»Und was wäre, wenn Sie *mir* sagen würden, was Ihnen so zu schaffen macht?« – »Schon, schon ... Also gut. Mein Gott, ist mir das peinlich ... Also: Meine Frau hat im Intimbereich eine ›Stelle‹, die ich nicht nur hässlich finde, sondern auch abstoßend. Wenn meine Frau mit mir schlafen möchte, ist mein erster Gedanke daran. Ich kann dagegen nichts tun. Das führt dazu, dass wir kaum noch miteinander schlafen. In der ersten Zeit unserer Beziehung konnte ich darüber hinwegsehen, weil meine Lust stärker war als meine Abneigung gegen … Sie wissen schon. Doch im Lauf der Zeit entwickelte sich dieses abstoßende Gefühl weiter. Ich vermute, dass die ›Stelle‹ im Lauf der Zeit auch größer geworden ist … Schlimmer noch aber ist, dass ich meiner Frau weder beim Beischlaf noch sonst lange in die Augen sehen kann. Dann fragt sie mich manchmal – allerdings schon lange nicht mehr –, ob was sei. Daraufhin umarme ich sie und sage ihr, dass ich sie sehr liebe. Und das ist so.« Er fügte hinzu, um ja keinen Zweifel daran aufkommen zu lassen: »Ja, das ist so!«

Wir sprachen inzwischen mehr als eine halbe Stunde miteinander. Da schweifte ich einen Augenblick mit meinen Gedanken ab und fragte mich: Was hält ihn in Wirklichkeit davon ab, dass er seiner Frau sagt, was ihm zu schaffen macht? Will er sie nicht verletzen? Gewiss. Hat er Angst, sie könnte ihn verlassen? Gewiss auch. Kennt er seine Frau wirklich? Würde sie ihn tatsächlich verlassen? Das fragte ich ihn. Lange Zeit antwortete er nicht. Schließlich erwiderte er: »Ich weiß es nicht. Aber ich vermute, sie würde in schwierigen Situationen nicht gleich kapitulieren.«

Deshalb fragte ich weiter: »Können Sie sich vorstellen, wie Ihre Frau reagieren würde, wenn Sie ihr sagten: ›Du, ich trage seit Langem etwas mit mir herum, was uns beiden nicht guttut‹?« – »Wahrscheinlich würde sie zunächst erschrecken oder entsetzt sein.« – »Und dann, was dann?«, fragte er ungestüm. »Dann würde viel davon abhängen, wie Sie selbst reagieren würden«, antwortete ich. Dass es wichtig sei, sich in Konflikten bewusst zu machen, dass der andere und ich ganz unterschiedliche Menschen seien. Dass sich deshalb zunächst und verständlicherweise eine Kluft zeigen würde zwischen dem anderen und mir. Dass wir von unterschiedlichen »Orten« aus das Problem betrachteten. Dass eine große Hilfe darin bestünde, sich so weit wie möglich in den anderen hineinzuversetzen. Dass es notwendig sei, dem Schrecken des anderen Raum zu lassen. Also: Nicht gleich weiterzureden, sondern Contenance zu bewahren.

Dann fuhr ich fort und bemerkte, dass ich zu »predigen« begonnen hatte: »Stellen Sie sich vor, welchen *Gewinn* Sie hätten, wenn Ihre Frau, anders als Sie befürchten, reagieren würde.« –

»Das wäre ... ich finde kein Wort dafür ... kaum zu sagen ... ganz toll ... aber wenn nicht? Wenn sie sich so verhalten würde, wie ich es befürchte?«

Das Gespräch blieb schwierig. Deshalb versuchte ich, ihn für die Idee zu erwärmen, seine Frau könnte, wenn sie sich von ihrem Schrecken oder Entsetzen erholt und ihre Gedanken ein wenig geordnet hätte, Fragen stellen. Denn wer Fragen stellt, bricht das Gespräch nicht ab, sondern beginnt – vielleicht – sich zu öffnen.

Er schwieg. Schließlich sagte er in die Stille hinein: »Wenn das so käme, wenn meine Frau verstehen würde, was schon so lange zwischen uns steht ... dann könnten wir uns – vielleicht zum ersten Mal in unserer Ehe – nahe sein, vielleicht näher als beim Sex.« – »Und dann«, ergänzte ich. »könnte es sein, dass die ›Stelle‹ für Sie an Bedeutung verlieren würde, weil Sie mehr in die Augen Ihrer Frau sehen könnten und weniger beschäftigt wären mit der ›Stelle‹.«

Nein, verehrte Leserinnen und Leser, ich gebe Ihnen recht: So einfach gehen Gespräche dieser Art in der Regel nicht. Hatte sich sein Problem nicht schon zu lange und zu tief in seine Seele eingegraben? Würde seine Frau nicht viel länger brauchen, um in ein Gespräch einzuwilligen? Könnte es nicht sein, dass sie so beschämt wäre, dass sie nichts anderes als die Trennung wollte? Wäre es nicht sogar unbarmherzig zu nennen, wenn er ihr gesagt hätte, was ihn all die Jahre abgestoßen hatte? Diese Fragen sind verständlich. Nur: Mein Gesprächspartner liebte seine Frau, litt unter seinem Schweigen, litt darunter, dass er ihr nicht »die Wahrheit« sagte, wollte nicht nur für sich, sondern auch für sie die Beziehung verändern. Deshalb wollte er sich und ihr »die Wahrheit« zumuten.

Gegen Ende unseres Gesprächs fragte er mich, wie er es denn anstellen solle, ihr so schonend wie möglich sein Anliegen mitzuteilen. Nachdem wir uns darüber verständigt hatten, dass er seine eigene Sprache dafür finden müsse, schlug ich Folgendes vor:

»*Ich* würde sagen: ›Wenn ich dir *nicht* sage, was ich auf dem Herzen habe, fühle ich mich alles andere als gut. Dann steht weiterhin etwas Fremdes zwischen uns. Sage ich dir, was in mir vorgeht, fürchte ich, du könntest mir böse sein ... oder nichts mehr von mir wissen wollen.‹ Wie gesagt, so könnte das Gespräch beginnen.«

Meiner Erfahrung nach ist eine solche oder ähnliche Einleitung ein erster Schritt zum Kern des Gesprächs. Der/die andere ahnt, *dass* etwas Schweres auf ihn/sie zukommt. Zugleich spürt der/die andere, welch große Bedeutung er/sie für mich hat.

Nach langem Schweigen erwiderte er: »Ich wäre den Druck los, müsste keine Ausreden mehr suchen, könnte ihr frei begegnen. Könnte ihr in die Augen sehen.« Er schien beruhigt. Doch dann seufzte er tief: »Und wenn sie mir doch davonläuft?« – »Dann ist sie noch nicht weg. Dann beginnt gewiss eine schwierige Phase. Dann käme alles darauf an, ob Sie nur sich und Ihre Not sähen oder auch die Ihrer Frau.«

Als er ging, schien er zu wissen, was er wollte. Viel später traf ich seine Frau nach einem Vortrag. Sie sagte, ihr Mann wäre gern mitgekommen, er habe jedoch – und ich glaubte ihr – einen unaufschiebbaren anderen Termin gehabt. Sie wirkte sehr gelöst.

Nachgedanken

Ich denke dem nach, wie dieses Paar Jahr um Jahr miteinander lebte und doch nicht beieinander war. Dass eine Kluft beide trennte. Dass sie sich durch diese Kluft, unmerklich, voneinander entfernten.

Dass sie über etwas schwiegen, worüber sie hätten sprechen sollen. Sollen? Ja! Weil der Partner seine Partnerin zwar liebte, aber nicht offen für sie war. Weil die Partnerin ihn zwar liebte, aber nicht wusste, was in ihm vorging.

Ich denke auch darüber nach, welche Spuren überhaupt das Schweigen zwischen Partnern hinterlässt: Einsamkeit? Wut? Traurigkeit? Hilflosigkeit? Gleichgültigkeit? Lust, »alles hinzuschmeißen«? Verfrühte Entscheidung, sie oder ihn zu verlassen? Suizidgedanken?

Wenn zwei Menschen über etwas schweigen, worüber sie sprechen sollten, gleicht ihr Schweigen einer zerbrochenen Brücke. Ist aber eine solche Sprachbrücke nicht mehr begehbar, halten sich beide an unterschiedlichen Ufern auf, also in getrennten Ländern. Schicksalhaft notwendig ist ein solches Schweigen oft nicht.

*

Zum nächsten Kapitel: Ich denke, er war sehr einsam, als er kam. Dass er jahrzehntelang über sein Problem geschwiegen hatte – wie hatte er das nur ausgehalten?
Dann entschloss er sich, sich seiner Frau zu öffnen. Und sie? Sie hatte ein weites Herz und versuchte ihn zu verstehen.

*

Weil ich meine Familie nicht verlieren wollte – Homosexualität?

Er begrüßte mich nur kurz, richtete sich kerzengerade auf und sagte: »Ich habe heute Nacht einen Traum gehabt …« Ich fuhr etwas voreilig fort: »Und den wollen Sie mir jetzt erzählen.« Er nickte: »Ja, aber nicht, wie Sie meinen. Der Traum hat mich auf etwas aufmerksam gemacht. Ich habe darüber bislang mit niemandem gesprochen.« – »Auf etwas?«, fragte ich zurück. Er ging auf meine Frage nicht ein, sondern erzählte:

Er hatte Erik wieder einmal angerufen. Das tat er einmal im Jahr. Und das seit 30 Jahren. Erik war sein Mitschüler in der Volksschule gewesen. Von der ersten Begegnung an hatte Wolfgang ihn gemocht. Ein paar Jahre später, in der Pubertät, hatte er sich seltsam gefühlt, wenn er mit Erik zusammen war. Seltsame Gefühle und Impulse hatte er gehabt. Einmal, an einem Sommerabend, als sie vom Baden nach Hause gegangen waren, hätte er Erik am liebsten umarmt und geküsst. In der Nacht darauf konnte Wolfgang kaum schlafen, dachte immer wieder an Erik. Als ihn die Mutter geweckt und ihn gefragt hatte, ob alles in Ordnung sei, hatte er nur genickt.

Ob er etwa …? Er mochte das Wort, das sich in ihm zu bilden begann, kaum aussprechen. In einer Pause auf dem Schulhof hatte er gehört, wie mehrere Jungs sich über Männer lustig machten, die Freunde waren. Freunde? Männer, von denen gesagt wurde, sie lebten wie Mann und Frau miteinander. Später erfuhr er, dass sie »Schwule« oder »Homosexuelle« genannt wurden und viele sie sogar »abartig« nannten.

»Ob ich etwa schwul bin?«, fragte er sich, als er Erik einmal lange angesehen und der ihn angefahren hatte: »Was ist? Träumst du?« Da war er 16 gewesen. Von diesem Tag an konnte er sich in der Schule nicht mehr konzentrieren. Immer wieder suchte sein Blick Eriks Augen. Und wann immer Erik seinen Blick auffing, wirkte der verstört.

Nach der Schulzeit zogen er und Erik in verschiedene Städte. Er wurde ein erfolgreicher Unternehmer, heiratete, wurde Vater dreier Mädchen. Seine Ehe nannte er »in Ordnung«. Er war seiner

Frau gegenüber loyal geblieben. Engere Beziehungen zu anderen hatte es nie gegeben, weder zu Frauen noch zu Männern. Einmal im Jahr aber rief er Erik an. Und jedes Mal, wenn er dessen Stimme hörte, fühlte er sich – so sagte er fast flüsternd – wie »auf Wolke sieben«. Was war das nur in ihm?

Jedes Mal telefonierten sie etwa eine halbe Stunde. Hatte er gegenüber Erik je von seinen Gefühlen gesprochen? Nein. Auch nicht im Ansatz? Auch nicht im Ansatz. Warum nicht? Weil er meinte, »es« ihm nicht sagen zu können. Warum nicht? Weil »es«, fand er, wahrscheinlich zwischen ihnen »aus« gewesen wäre.

Hatte »es« denn jemals begonnen? Von Wolfgangs Seite schon – damals in der Schule. Und von Eriks Seite? Wolfgang hob kurz die Schultern und schwieg.

Wusste seine Frau von den Telefonaten, die einmal im Jahr stattfanden? Ja. Von seinen Gefühlen zu Erik? Die Frage war ihm offensichtlich peinlich. Er faltete die Hände, seufzte tief und sagte nach einer ganzen Ewigkeit: »Wenn ich ihr von Erik erzählt hätte, wäre sie sicher sehr verletzt gewesen. Vermutlich hätte sie unsere ganze Ehe infrage gestellt. Vielleicht hätte sie mich mit den Kindern verlassen.«

Ob da noch etwas sei, worüber er nicht sprechen möchte, fragte ich, vielleicht nicht einmal mit sich selbst? Unsicher sah er mich an und sagte: »Ja, da ist noch etwas. Ich weiß bis heute nicht, wer oder was ich in Wirklichkeit bin. Bin ich ein sogenannter Hetero? Bin ich ein sogenannter Homo? Bin ich bisexuell?« Ich antwortete nicht gleich. Dann: »Weil Sie das fragen, kommen mir ganz unterschiedliche Gefühle: Mitgefühl, Traurigkeit, Zorn, Staunen. Wer Sie sind, fragen Sie? Vor mir sehe ich weder einen Hetero noch einen Homo, auch keinen Bisexuellen. Ich sehe vor mir einen Menschen, dessen Wesen nicht durch seine Sexualität verstehbar ist, sondern durch seine Menschlichkeit. Außerdem: Wir wählen die Form unserer Sexualität nicht selbst aus, sondern wir werden, ob durch die Gene oder die Erziehung oder anderes, dazu bestimmt. Und nicht darauf kommt es an, wie ich Sexualität ›praktiziere‹, sondern darauf, ob ich die oder den anderen liebe, ob Liebe die Sexualität bestimmt – oder nicht. Wie viele ›Heteros‹ entwürdigen ihre Partnerinnen, weil sie nur Sex wollen, nicht aber Liebe schenken, nur sich meinen, nicht die Partnerin, nur ihre eigene Lust zur Abfuhr bringen, nicht aber ihre Frau im Blick haben!« Wir schwiegen.

Was wäre, wenn er seiner Frau von Erik erzählen würde? Er hatte Begriffe wie »sicher«, »vermutlich« und »wahrscheinlich« gebraucht, also: Sicher, vermutlich, wahrscheinlich würde seine Frau aus seiner Mitteilung Konsequenzen ziehen, obwohl »nichts geschehen« sei außer den Telefonaten und seinen geheimen Gefühlen dem früheren Mitschüler gegenüber. Worüber würde seine Frau am meisten erschüttert sein: über seine ihr bislang unbekannten Gefühle oder seinen Mangel an Vertrauen zu ihr? Wie würde sie in Wirklichkeit reagieren? Ich bat ihn, von ihr zu erzählen.

Er entspannte sich, denn es ging augenblicklich nicht um ihn. »Also«, begann er: »Sie ist ein warmherziger Mensch, sehr analytisch, offen für Neues, interessiert an vielem, innerlich unabhängig, tolerant, und sie versteht viel ...« Er war offensichtlich stolz auf seine Frau. Nachdem er sich mir wieder zugewandt hatte, hielt ich ihm noch einmal hin, was ich gerade gehört hatte. Ich war gespannt auf seine Reaktion. Schließlich hob er die Augenbrauen und sagte: »Ich weiß, was Sie jetzt denken.« Ob er *dieser* Frau mit *dieser* Offenheit und *dieser* inneren Unabhängigkeit nicht vertrauen könnte, mit ihr über seine innersten Fragen zu sprechen? Langsam, ganz langsam begann er zu nicken: »Ja, ja ...«

Wolfgang glaubte, seine Frau wirklich zu kennen. Wirklich? Und Erik? Kannte er ihn? Jahrzehnte hatte er ihn nicht mehr gesehen – und *musste* ihn doch immer wieder anrufen. Wusste er, was in Erik vorging, dem er kein Sterbenswörtchen von seinen Empfindungen gesagt hatte? »Nein, eigentlich nicht.« Da kam mir eine Idee: »Was wäre, wenn Sie Erik einmal besuchen und auch ihm von Ihren Empfindungen erzählen würden?« Einen Augenblick sah er mich mit offenem Mund an, stand abrupt auf, ging zum Fenster und sagte zu meiner Überraschung: »Ja, das sollte ich tun.«

Wie sich später herausstellte, war ihm in diesem Augenblick aufgegangen, was ein solcher Besuch für ihn bedeuten könnte: Klarheit zu gewinnen. Klarheit, was er für Erik empfand. Klarheit, was Erik für ihn empfand. Und vielleicht auch Klarheit über seine Ehe.

Nicht lange nach diesem Gespräch trafen wir uns wieder. Er hatte mit seiner Frau einen langen Abend über gesprochen. Zuerst hatte sie sich in ihrem Sessel steil aufgerichtet, nichts gesagt, dann Fragen über Fragen gestellt. Und er hatte geantwortet. Klar, niemals ausweichend. Hatte ihr in die Augen gesehen. Irgendwann nahm sie seine Hand und flüsterte leise: »Ich liebe dich.« Am nächsten Morgen hatte sie ihm gesagt: »Fahr zu ihm und sag mir dann ehrlich, wofür du dich entschieden hast.« In genau dem Augenblick ging ihm auf, dass er sich noch nie ganz für oder gegen seine Frau, seine Ehe entschieden hatte.

Sein Besuch bei Erik war »nett« verlaufen. Sie hatten über frühere Tage gesprochen, über berufliche Dinge und über ihr allgemeines Befinden. Er brauchte seine Frage, wie denn Erik ihm gegenüber fühle, nicht zu stellen. Sie war durch die Begegnung beantwortet worden.

»Und zu Hause?«, fragte ich ihn. Da ging ein Lächeln über sein Gesicht. Er wartete mit seiner Antwort, als wollte er mich raten lassen. Dann sagte er: »Wir nahmen uns in die Arme, hielten uns fest, legten die Stirne aneinander und blieben stehen, ich weiß nicht, wie lange …«

Nachgedanken

Vor langer Zeit beglückte ich einen Mann, ohne es zu wollen oder geplant zu haben. Er suchte mich auf, weil man ihm gesagt hatte, er sei ein »Zwangsneurotiker«. Ich entgegnete ihm, er sei, wenn überhaupt, kein Zwangsneurotiker, vielmehr *habe* er eine zwangsneurotische Störung. Seine Freude über diese kleine, aber wichtige Veränderung seiner Selbstvorstellung machte mich sehr nachdenklich.

Es gibt eine sprachliche Unsitte, die darin besteht, jemandem einen bestimmten Begriff »anzupassen«, der *einen* Aspekt eines Menschen beschreibt, in keiner Weise aber die ganze Person. Viele dieser »Anpassungen« sind verletzend.

Der Homo, der Schwule, die Lesbe, der Typ, der Alkoholiker, der Süchtige, der Phobiker, der Depressive, der Sexist, der Neurotiker, der Psychotiker – Begriffe dieser und ähnlicher Art spiegeln eine gravierende Unkenntnis der Seele wider. Sie lässt sich nicht auf einen Begriff reduzieren. Sie ist vielmehr – wir sprachen darüber – polyphon, also vielstimmig und vielsagend. Und weil die Seele polyphon ist, ist er oder sie immer *mehr* als das, was man in ihm oder ihr sieht.

Wenn ein Mensch einen anderen mit *einem* Aspekt seiner Persönlichkeit etikettiert, übersieht er die seelisch-geistigen Bereiche, die auch zu ihm gehören, zum Beispiel Mut, Freiheit, Liebe. Aber nur dann, wenn auch diese und andere spezifisch menschlichen Werte in den Blick kommen, wird der andere in seiner Ganzheit gesehen. Darüber hinaus gilt: Jeder Mensch ist einzigartig und unverwechselbar. Keiner gleicht einem anderen. Deshalb ist die genannte Unsitte Ausdruck eines erstaunlichen Mangels an Menschenkenntnis.

*

Zum nächsten Abschnitt: In seinem wichtigen Buch »Der verletzte Mensch« schreibt Andreas Salcher im Blick auf diese Zeit: »Das Ausmaß möglicher Verletzungen und die Stadien der Schmerzen sind unvorstellbar. Nie hätte ich gedacht, wie viele tiefe seelische Verletzungen es selbst in meinem unmittelbaren Freundeskreis gibt.«[8] Wie viele dieser tiefen seelischen Verletzungen – Neurosen genannt – bedeuten Krankheit. Doch wer eine Krankheit dieser Art hat, hat es in unserer Gesellschaft nicht leicht. Das muss geändert werden! Im Folgenden möchte ich Ihnen deshalb, liebe Leserinnen und Leser, zwei neurotische Problemkreise vorstellen, um für Verständnis für psychisch kranke Menschen zu werben.

---

8 Andreas Salcher, Der verletzte Mensch, Salzburg 2009, S. 13.

Das erste Beispiel schildert die Leiden eines Mannes, der an einer Zwangsstörung litt, das zweite handelt von einer posttraumatischen Belastungsstörung.

*

Weil ich mich so schämte – von einer Zwangsstörung

Weil *psychisch* kranke Menschen einen erheblichen Teil unserer Gesellschaft darstellen, möchte ich ihnen einen besonders ausführlichen Teil des Buches einräumen. Psychisch kranke Menschen leiden in aller Regel nicht nur daran, dass sie sich selbst nicht mehr verstehen, weil die Symptome in der Tat oft seltsam sind. Sie leiden auch an ihrer Scham wegen ihrer Krankheit. Darüber hinaus gelten psychische Störungen nach Meinung vieler als »zweitrangige Krankheiten«, deren »Träger« oftmals mit dem Etikett »nicht ganz voll zu nehmen« markiert werden. Nur wer körperlich krank ist, scheint »richtig krank« zu sein.

Scham geht mit Selbstentwertung einher. Wer sich schämt, fühlt sich bloßgestellt, möchte sich am liebsten »verkriechen«, »in den Boden versinken«, »vor Scham sterben«. Vor allem wird der Kranke vermeiden wollen, dass seine Seele zusätzlich durch andere verletzt wird, indem andere von der Störung erfahren und sie despektierlich »kommentieren«.[9]

Wir leben in einer Zeit, in der viele gesellschaftlich bedingte Fesseln – Gott sei's gedankt – fallen, so zum Beispiel die moralistische Diskreditierung homosexueller Menschen. So wäre es auch an der Zeit, sich mehr als bisher über seelische Störungen zu informieren, von denen viele Millionen Menschen betroffen sind. Warum? Um sie besser zu verstehen und, wenn möglich, verständnisvoller mit ihnen ins Gespräch zu kommen. Was wäre das für ein Fortschritt in einer Gesellschaft, wenn sie begreifen würde, dass die Betroffenen in keiner Weise minderen Wertes sind! Und welche Entlastung würde es für sie bedeuten, wenn sie zur Sprache bringen dürften, was sie bedrückt oder quält! Viele von uns träumen schon lange von einer humanen Gesellschaft. Hier wäre eine Möglichkeit, sie mehr als bisher Wirklichkeit werden zu lassen! Am Beispiel einer Zwangsstörung – jemand nannte sie eine »Pantomime des Nichts« – möchte ich ausführlich zeigen, warum die Mitteilung eines seelischen Problems so schwerfällt:

---

9 Siehe dazu Daniel Hell, Seelenhunger. Vom Sinn der Gefühle, Bern 2003, S. 126 ff.

Sein Gesicht war verspannt, sein Schulternackenfeld hochgezogen, die Hände lagen ineinander verkrampft, als wollte er sich auf diese Weise vor der Welt schützen. Er war 22. Zögerlich, dann immer freier schilderte er mir eloquent seine Leidensgeschichte. Ein Auszug daraus:

»Irgendwann – ich weiß nicht mehr genau, wann das war – kam es zwischen mir und meiner Mutter zu einem furchtbaren Eklat. Auf einem Spaziergang schrie ich sie voller Wut an. Denn wieder einmal hatte sie mir vorgeschrieben, wie ich mich zu verhalten hätte: ›Weißt du überhaupt, dass ich seit Langem todunglücklich bin? Und weißt du warum? Weil du mich ständig dirigiert hast. Tu dies, tu das. Das darfst du nicht. Kommt gar nicht infrage. Das verbiete ich dir. Was machst du denn da? Ich will, dass du das jetzt tust. – Du hast mich von allem ausgeschlossen, woran andere Jungs Spaß hatten. Und immer wieder überfiel mich dieses schreckliche Wort: Bist ja ein lieber Junge. Sei schön artig. Nein, das war ich nicht, das wollte ich auch gar nicht sein. Ich wollte nicht nur lieb sein, sondern sein wie andere Jungs in meinem Alter auch! Normal, nur nicht ständig lieb! Denn lieb sein hieß ja für dich zu tun, was du wolltest. Du hast immer nur deinen Willen durchgesetzt, meinen gab es gar nicht. Den hast du gebrochen.

So wurde ich immer unfreier – so unfrei, dass deine Stimme mich innerlich dirigierte, auch wenn du gar nicht präsent warst. Dass du es warst, die mich *innerlich* dirigierte, habe ich erst viel später begriffen.‹

Die Worte trafen meine Mutter wie ein Keulenschlag. Ihre Hände suchten Halt an einem Zaun. Ihr Gesicht verfärbte sich. Sie rang nach Luft. Schließlich sagte sie – und ihre Stimme klang um so vieles anders als früher: ›Um alles in der Welt – warum hast du mir denn nie etwas davon gesagt?‹ Ich schwieg, genoss meine neue Position ihr gegenüber. Schließlich antwortete ich, langsam, jedes Wort pointierend: ›Weil ich es dir nicht sagen konnte.‹ – ›Und warum nicht? Ich hab' dich doch immer lieb gehabt ...‹ – ›Weil ich mich damals geschämt hätte, dir zu sagen, dass ich seit Langem *einen* Gedanken immer wiederholen muss, immer wieder, immer wieder. Manchmal muss ich ihn sogar hundert Mal aufschreiben. Das verschafft mir dann nur für kurze Zeit Luft zum Atmen. Du hast ja keine Ahnung, welche Qual das ist. Deshalb gingen auch meine Leistungen in der Schule zurück. Ich war nie ganz da.‹ – ›Aber, mein Junge, vor einer Mutter braucht man sich doch nicht zu schämen.‹ – ›Merkst du was, Mutter?‹, fuhr ich sie an. ›Selbst in meinem jetzigen Alter nimmst du nicht zur Kenntnis, dass ich erwachsen und eine eigenständige Person bin.‹ – ›Aber ein Kind bleibt doch ein Kind …‹ – ›Ach Mutter‹, sagte ich, gönnte ihr wider Erwarten einen freundlichen Blick und ging meiner Wege.«

Er wusste nicht, dass das, was in ihm vorging, eine Zwangsstörung war. Als die Gedanken ihn immer mehr peinigten, sein Kopf ganz »dumpf« wurde und er sich nicht mehr konzentrieren konnte, vertraute er sich seinem Lieblingslehrer an, und der schickte ihn zu mir.

Was wäre gewesen, wenn er bald nach Beginn seiner Störung seiner Mutter von seiner Not hätte erzählen können? Wenn er seiner Mutter hätte vertrauen können, dass sie behutsam mit seinem Problem umgehen würde? Wahrscheinlich hätte er viel eher Entlastung erfahren, denn sie war eine (fast) perfekte Mutter und hätte alle Hebel in Bewegung gesetzt, um ihrem »Herzegold« zu helfen. Wahrscheinlich hätten die Zwänge im Anfangsstadium auch leichter behandelt werden können.

Dennoch: Als wir uns verabschiedeten, waren seine Gedanken flüssig und frei. Zurück blieb eine gewisse Neigung, im Denken und Handeln manchmal zu gründlich zu sein. Er machte eine erstaunliche Karriere.

Was half ihm? Insbesondere Wertimaginationen. Dadurch begann er zu begreifen, dass seine innere Welt viel gütiger ist, als er gedacht hatte. Er erfuhr, dass es zwar in ihm einen Ankläger gibt, der ihn marterte, dass aber darüber hinaus die als Person erscheinende Güte ihn zunehmend in die Freiheit zog.[10]

Nachgedanken

Nach neueren Studien stellen Zwangsstörungen die viertgrößte psychische Erkrankungsgruppe dar. So sind zum Beispiel in den USA fünf bis sechs Millionen Menschen von dieser Krankheit betroffen. Und nach einer früheren Ausgabe des »Spiegel« leiden in Deutschland mehr als zwei Millionen an dieser Störung. Die Zahlen mögen verwundern. Doch werden sie verständlich, wenn man weiß, dass die Kranken ein tiefes Schamgefühl entwickeln, wenn sie sich ihrer Störung bewusst werden. Darüber zu sprechen fällt ihnen außerordentlich schwer. Denn sie denken und/

[10] Vgl. Anmerkung 7.

oder tun etwas, *was sie selbst als äußerst unsinnig betrachten.*[11]

Vier Formen von Zwängen

Es gibt verschiedene Formen von Zwängen. Der eine Mensch hat »nur« eine *zwanghafte Grundhaltung*. Er ist pedantisch, übergewissenhaft, findet sein Verhalten »in Ordnung«, leidet darunter kaum.

Ein anderer leidet unter *Zwangsantrieben*, unter plötzlich auftretenden, aggressiven *Impulsen*. Ein nicht unbekanntes Beispiel: Eine Mutter leidet unter der schrecklichen Vorstellung, ihren Säugling fallen lassen zu *müssen*.

Ein dritter leidet unter *Zwangsgedanken*. Obwohl er den ihn marternden Gedanken als unsinnig erkennt, muss er ihn stundenlang denken. Ein einfaches Beispiel: Jemand hat die Vorstellung und kommt von ihr nicht los, bis hundert (und immer wieder bis hundert) zählen zu müssen, um

---

11 Zur weiteren Ausführung siehe Viktor E. Frankl, Ärztliche Seelsorge, 4. Aufl., München 2013, S. 225 ff. und Hoffmann/Hochapfel/Eckhardt-Henn/Heuft, Neurotische Störungen und Psychosomatische Medizin, Stuttgart 2009, S. 164 ff.

eigenes Unglück oder das eines anderen zu verhindern.

Schließlich gibt es *Zwangshandlungen.* Die bekanntesten sind der Ordnungs- und der Waschzwang. So erinnere ich mich an einen Mann, der sich pro Tag hundert Mal die Hände waschen musste.

Zwänge sind ungewollte Rituale

Der Form nach ist die Zwangsstörung ein ungewolltes Ritual. Der Kranke *muss* bestimmte Gedanken und/oder Handlungen in bestimmter Weise denken bzw. tun und wiederholen. Er kann sie nicht vermeiden. Versucht er es, gerät er unter stark Angst machenden Druck, sodass er kaum noch denk- oder handlungsfähig ist. Was macht ihm Angst? Sein Gewissen – oder das, was er dafür hält. Und da er mehr oder weniger ständig unter einem Schuldgefühl leidet, muss er »sühnen«. Die »Sühne« »gelingt«, wenn auch nur für kurze Zeit, durch seine Zwänge, die in Ausschnitten der Wirklichkeit seinen Perfektionstrieb befriedigen. Denn darum geht es im Grunde, dass er die Tatsache der *Unvollkommenheit des Lebens*, auch seines eigenen, nicht akzeptieren kann und darf. So muss er lauter unsinnige Dinge denken und/

oder tun, die ihm seine Freiheit nehmen und damit die Möglichkeit, Sinn in seinem Leben finden zu können.

Tatsächlich aber ist alles Leben ambivalent. Ambivalent ist das Leben draußen in der Welt und drinnen im eigenen Herzen. Doch diese Tatsache darf der zwangsneurotische Mensch nicht gelten lassen. Dagegen läuft er Sturm. Er *muss* vollkommen sein. Sein »Ausweg«: Er verwirklicht das Vollkommene in einem *Ausschnitt* der Wirklichkeit – in den Ritualen.

Wie Zwänge entstehen

Um einer Klientin behilflich zu sein – sie litt seit Jahrzehnten unter Zwangsgedanken und starken Konzentrationsstörungen –, entwarf ich einen Text für sie. Diesen Text, den sie »schwarz auf weiß« vor sich sah, vollzog sie immer wieder nach und kam so zu einem tieferen Verständnis ihrer selbst. Vielleicht bringt er auch Ihnen, verehrte Leserinnen und Leser, das Zwangsphänomen näher und damit das Verständnis für die Not, darüber zu sprechen:

> *Was wäre, wenn ich mich nicht auf die Zwänge einließe? Dann hätte ich Angst, panische*

Angst, bestraft zu werden oder gar in eine Katastrophe zu geraten. Wer würde mich bestrafen? Da scheint ein Ankläger in mir zu sein, und der ist nicht auf meiner Seite. Da ist kein Verteidiger, auch kein Richter. Da ist nur der Ankläger, der nur eines im Sinn zu haben scheint: mich zu demütigen, kleinzukriegen, mich zu verurteilen. Er ist durch und durch gegen mich.
Und warum sollen gerade die Zwänge die Angst vor diesem Ankläger verhindern? Weil dann der Ankläger befriedigt ist. Wenn ich mich auf die Zwänge einlasse, leide ich. Und wenn ich leide, »sühne« ich. Und wenn ich »sühne«, leiste ich dem Ankläger Genugtuung.

Wer verbirgt sich hinter dem Ankläger?
Da sind Stimmen in mir, die ich im Lauf meiner Kindheit, Jugend und der späteren Jahre hörte und sich in mir festsetzten. Diese Stimmen sind zu meinen eigenen geworden. Nein! Das sind nicht Stimmen meines Gewissens, ganz gewiss nicht. Das sind Stimmen von Menschen, die von Freiheit und Liebe wenig wussten. Sie haben mich auf ihre enge Weise zu leben eingeschworen. So konnte ich kaum lernen – weil ich mich doch als ungenügend

und schlecht empfand –, mir meine eigenen Urteile über mich und die anderen und das Leben zu bilden. So konnte ich auch nicht lernen, selbst zu entscheiden, was ich wollte und was nicht.

Ich weiß: Was ich eigentlich will – lebendig sein, frei sein, offen sein, Neues wagen, Verantwortung übernehmen, lieben – dazu komme ich gar nicht, weil ich dauernd mit zwanghafter Nach- und Vorsorge meines Lebens beschäftigt bin, weil ich dauernd Rituale arrangiere, die dem verdichteten Chor in mir, der inneren Anklage, unter Beweis stellen sollen, dass ich perfekt und daher nicht angreifbar bin. So aber verfehle ich in der Tat (!) mein Leben und werde an ihm in Wirklichkeit schuldig.

Zwanghaftes Leben hat nichts, aber auch gar nichts mit Freiheit, Liebe, Verantwortung und Sinn zu tun. Zwanghaftes Leben ist Verweigerung des Lebens, so wie es nun einmal ist: nicht der Himmel, auch nicht die Hölle – eben die Erde in ihrem spannenden Gemisch aus beidem. Eben etwas Durchschnittliches.

Zwänge sind Irrsinn. Lasse ich mich auf sie ein, dann lasse ich mich auf Irrsinn ein. Zwanghaftes Leben, das heißt letztlich: in Ge-

danken und Handlungen stehen zu bleiben, verhaftet zu bleiben, den Fluss des Lebens anzuhalten und damit das vorgefundene Dasein nicht zu dulden.

Bin ich schuld, dass ich so geworden bin?
Nein, aber schuldig könnte ich werden, wenn ich nichts unternähme, um diese verzerrte Sicht der Wirklichkeit zu verändern. Ich darf leben. Ich darf selbst entscheiden, was sinnvoll ist und was nicht. Ich darf leben als Mensch, obwohl ich immer wieder scheitere. Ich darf auch die Welt annehmen, obwohl und weil sie so ist, wie sie ist. Ich brauche mich nicht durch zwanghaftes Denken und Handeln für zukünftiges Leben abzusichern und auch nicht, was altes Leben betrifft, zu büßen.
Warum nicht?
Weil Leben so ist, wie es ist. Weil Menschsein heißt, nicht Gott zu sein. Weil Schuldigsein die Kehrseite der menschlichen Möglichkeit ist, frei und verantwortlich entscheiden zu können.

*

Wann verschlägt »es« einem Menschen die Sprache? Wenn etwas Außerordentliches geschieht. Das kann ein besonderes Glück sein. (Dann findet der Glückliche die Sprache rasch wieder.) Oder ein besonderes Unglück. Nichts aber kann Menschen unglücklicher und sprachloser machen als Krieg, denn er ist die Sinnlosigkeit schlechthin. Davon handelt dieser Text.

*

Weil er es mir nicht sagen konnte – von einer posttraumatischen Belastungsstörung

Hat jemand eine seelische Störung, leidet oft nicht nur der Kranke darunter, sondern auch die Umgebung: die Partner, die Kinder, die Arbeitskollegen etc. Und weil diese in der Regel kaum oder gar nichts von Störungen dieser Art verstehen, stehen sie dem leidenden Menschen oft rat- und verständnislos gegenüber – ein Verhalten, das ihm oder ihr alles andere als zuträglich ist. Mangel an Wissen dieser Art muss nicht sein.

Eine junge Frau rief im Sekretariat an und bat dringend um einen Termin. Meine Assistentin sagte mir, die Frau habe sehr verzweifelt geklungen. Als sie mein Sprechzimmer betrat, fielen mir gleich ihre tiefen Ringe unter den Augen auf. Sie schien meine Gedanken erraten zu haben, denn sie entschuldigte sich (überflüssigerweise) wegen ihres Aussehens. Sie erzählte:

»Mein Mann, ein Soldat, ist aus Afghanistan zurückgekehrt. Als ich ihn am Flughafen abholte, glaubte ich meinen Augen nicht trauen zu können. Er kam langsam auf mich zu. Kein Lächeln, kein Wort, nur eine kurze Umarmung. Ich dachte, ich hätte es mit einem Fremden zu tun. Alle Vertrautheit war dahin. ›Was ist?‹, fragte ich ihn. ›Freust du dich gar nicht, dass wir wieder zusammen sind?‹ Es schien, als sähe er durch mich hindurch. ›Entschuldige‹, sagte er leise. Ohne ein Wort zu wechseln, fuhren wir nach Hause, wo ich zum Empfang meines Mannes den Tisch feierlich gedeckt hatte. ›So‹, sagte ich, ›nun erzähl doch mal!‹ Er stützte den Kopf auf beide Hände und schaute starr vor sich hin. Noch einmal sagte er leise: ›Entschuldige.‹ Dann blieb er stumm. Stumm gingen wir auch ins Bett.«

Die Frau fuhr fort: »Ich scheine für ihn nicht mehr zu existieren. Er hat sich so verändert, er ist mir so fremd geworden. Er ist wie leblos. Manchmal denke ich, dass er seit Afghanistan geradezu abgestumpft ist. Es ist, als habe er seine Gefühle verloren. Nachts schreckt er oft auf. Frage ich ihn, was er geträumt hat, bleibt er stumm. Ich vermute, dass ihn die schrecklichen Dinge, die er dort erlebt hat, bis heute Tag und Nacht verfolgen. Manchmal ist er sehr erregt, ist wie aus heiterem Himmel sehr aggressiv, ohne dass ich weiß, warum.« Sie warf ihre Arme halbhoch in die Höhe und ließ sie hilflos fallen. »Immer wieder frage ich ihn, warum er mir nichts von diesem schrecklichen Krieg erzählen will. Dann sieht er mich einen Augenblick an und antwortet nur: ›Kann nicht.‹ Er scheint auch anderen gegenüber gleichgültig oder teilnahmslos zu sein.«

Was ihm in unseren Begegnungen nach längerer Zeit half, habe ich in den folgenden »Nachgedanken« angedeutet.

Nachgedanken

Es gibt Erlebnisse, die zu traumatischen, d. h. zu tief greifenden seelischen Verletzungen führen, zum Beispiel aggressiver oder sexueller Missbrauch, Vergewaltigung, Verbrechen, selbst erlebte oder miterlebte Verbrechen, schwerer Unfall, Folter, Terrorismus, Krieg, Naturkatastrophen, Katastrophen jedweder Art.

Wer so etwas erleben musste, leidet in aller Regel an einer *posttraumatischen Belastungsstörung*. Dieser Begriff meint Reaktionen auf extrem inhumane Ereignisse oder Situationen, für die kein Mensch ausgestattet ist und die sich oft erst nach Wochen zeigen. Deshalb ist der daran Leidende (zunächst) nicht nur sich selbst, sondern auch dem vertrautesten Menschen gegenüber fremd.

Er wird immer wieder von den grausamen Erinnerungen an sein Trauma überflutet, sodass er sich wie betäubt und stumpf fühlt, resigniert und verzweifelt ist. Er vermeidet alle ihm vertrauten Handlungen und Situationen, die ihn an das, was war, erinnern könnten. Dass er übererregt und schreckhaft ist und wenig Schlaf findet, versteht sich von selbst. Und dass mit diesen Symptomen Angst, Depression, Verzweiflung, auch Selbstmordgedanken verbunden sind, wird niemanden verwundern. Eine posttraumatische Belastungsstörung ist ein tiefer Einschnitt, der das ganze Leben verändern kann, auch die Weltanschauung, auch die Gottesbeziehung.

Für die Angehörigen ist es schwer zu ertragen, dass die Kranken einerseits ihre seelischen Schmerzen lange zurückhalten, ihre Erlebnisse abkapseln, andererseits Sehnsucht danach haben, mit dem Leben wieder in Berührung zu kommen. Dass sie mit ihren Leidensgenossen zunächst leichter sprechen können als mit ihren Angehörigen, ist für diese zwar bitter, doch aus der Sicht der Kranken verständlich.

Es gibt Hilfen für Menschen mit posttraumatischen Belastungsstörungen. Für die nächsten Angehörigen – und für den leidenden Menschen selbst – ist die Erkenntnis wichtig, dass er *krank* ist und *sich selbst* ein Stück weit verloren hat. Und Krankheit bedeutet in diesem Fall, dass der Traumatisierte selbst zunächst daran nichts ändern kann. Gesund geblieben aber ist seine *nicht aussprechbare Sehnsucht* nach der Beziehung zu den Menschen seiner Umgebung. Deshalb sollten sie ihm zu verstehen geben, dass sie ihm die Zeit gönnen, die er benötigt, um sich selbst und ihnen wieder näherkommen zu können.

Wer an einer posttraumatischen Belastungsstörung leidet, braucht einen erfahrenen Psychotherapeuten oder eine Psychotherapeutin, dem oder der bewusst ist, dass bei schweren Traumatisierungen zunächst *nicht* die Konfrontation mit dem Erlebten im Vordergrund stehen sollte, sondern die Entwicklung verlässlicher sozialer Beziehungen. Denn wer erlebt hat, was das Fassungsvermögen übersteigt, wird erst dann über sich selbst und seinen Selbstverlust sprechen können, wenn ein warmer »Raum« die Aussprache ermöglicht. Das bedeutet, dass der Therapeut/die Therapeutin in aller Behutsamkeit schrittweise und der Persönlichkeit des Patienten entsprechend vorgehen und ihn nicht nur kompetent, sondern auch liebevoll und vor allem verlässlich begleiten sollte.

Je tiefer die Not ist, desto tiefer muss man graben. Das bedeutet: Weil eine posttraumatische Belastungsstörung die Seele tief verletzt hat, wird die Psychotherapie hilfreich sein, die mit inneren Bildern arbeitet. Die mir vertraute Hilfe ist die Wertimagination.[12]

*

Was ist, wenn kein Gespräch mehr möglich ist? Wenn der Tod das ersehnte Gespräch verhindert? Wenn die Zeit, in der Gespräche möglich gewesen wären, abgelaufen ist? Wenn die Zeit zur befreienden Begegnung ungenutzt blieb? Davon berichtet der nächste Abschnitt.

*

---

[12] Siehe dazu Anmerkung 7 und 10.

Weil der Tod das wichtigste Gespräch zwischen Vater und Sohn verhinderte

Seltsam, dass manche Zeitgenossen noch immer meinen, Träume seien nur Schäume.

Wer jedoch seine eigenen Träume so nennt, gleicht einem Menschen, der Kugeln aus Gold in den Abfall wirft, weil er dem Trugschluss unterliegt, sie seien nichts wert.

Träume sind die wirksamsten Mittel für die Erweiterung unserer Persönlichkeit, sind hilfreiche Korrektoren unserer Einstellung zum Leben, und manchmal decken sie etwas auf, wovon das Bewusstsein nichts weiß.

Sie mahnen, warnen und kontrollieren. Sie informieren und lehren. Sie trösten. Sie stellen infrage und beantworten Fragen. Sie zeigen das Verinnerlichte. Sie erhellen Vergangenes und manchmal auch Zukünftiges. Sie vermitteln individuelle und allgemeine Einsichten in Leben. Sie zeigen Bilder des Geistes, z. B. der Freiheit, der Liebe, des Sinns.

Und manchmal führen sie auch hinaus über die Grenzen der Erde bis weit in den Himmel.

Träume sind Gefühle, die Gesichter bekommen haben, sind Bilder der Seele, die von Dingen des Lebens wissen, von denen der Verstand gar nichts (mehr) weiß. Von einem kostbaren Traum ist auch in der folgenden Geschichte die Rede:

Ein intelligenter, smarter, erfolgreicher Mann in mittleren Jahren sitzt vor mir. Ein selbstbewusstes Lächeln huscht über sein Gesicht. Er möchte »mit mir einiges besprechen«. »Einiges?«, frage ich ihn. Nun ja, jeder Mensch habe dies und das, was er mit sich herumtrage. Ich stimme ihm selbstverständlich zu. Ich warte, betrachte sein Gesicht. Mir fällt auf, dass sich hinter seinen Augen etwas zeigt, das mir nicht gleich aufgefallen ist. Ist es Angst? Ist es Unwilligkeit? Könnte es Traurigkeit sein?

Er erzählt: Seine Mutter war »eine richtig gute Seele«. Sie liebte ihn, sie kuschelte mit ihm, sie lobte ihn, sie verteidigte ihn (gegen den Vater). Sie förderte ihn. In der Schule kam er gut zurecht. Er studierte erfolgreich. Er erfüllte sich den Traum, ein Institut zu leiten. Auch die Wahl seiner Frau war »eine richtig gute«. Zwei gesunde Kinder machten ihm viel Freude.

Und der Vater? »Ich weiß nicht, was ich von ihm erzählen soll. Beruflich war er erfolgreich. Deshalb ging es uns wirtschaftlich immer gut. Es gab in der Familie wenig Streit. Manchmal allerdings hatte ich den Eindruck, dass er mit seinen Mitarbeitern mehr sprach als mit mir. Ich kann mich auch nicht erinnern, dass er mich einmal umarmt hätte. Wenn ich ein gutes Zeugnis nach Hause brachte, knurrte er wohlwollend und sagte: ›Gut, Junge.‹ Ich hätte so gern mit ihm einmal Fußball gespielt. ›Meinst du?‹, fragte er. ›Tut mir leid, ich hab' heute keine Zeit.‹

Irgendwann fasste ich mir ein Herz und fragte ihn: ›Papa, warum sprichst du nicht mit mir?‹ Da sah er mich mit großen Augen an: ›Tue ich das nicht? Das tut mir leid.‹ In dem Augenblick rief ihn ein Mitarbeiter. Er machte eine entschuldigende Geste und folgte dem Ruf des Mannes.«

»Sie verstehen«, sagt er, »ich habe nie erfahren, was er von mir hielt. Später, in der Pubertät, wandte ich mich von ihm ab. Wenn der nichts von mir will, dachte ich, will ich auch nichts von dem! Das war Trotz, ich weiß. Aber da war auch eine gewisse Traurigkeit, denn – komisch genug – im Grunde mochte ich ihn. Insgesamt aber«, fügt er eilig hinzu – »hatte ich eine tolle Kindheit und Jugend.« Merkwürdig nur, dass er verstohlen eine Träne wegwischt.

Ob er mir einen Traum erzählen könne? »Ja, ich erinnere mich. Vor Monaten hatte ich einen Traum. Der war schon seltsam.« Er hebt fast hilflos die Arme, lächelt verlegen: »Wie Träume so sind … Mein Gott, ich hab' an ihn gar nicht mehr gedacht.« Ob er ihn erzählen möchte? »Wenn uns das weiterbringt …« Ich kann es mir nicht verkneifen, das kleine Wort »uns« aufzugreifen. Er scheint meine zarte Ironie zu überhören und beginnt:

»Also: Ich erinnere mich noch an eine goldene Schale, die mir eine Hand reichte. Wer sie mir reichte, weiß ich nicht. Aber an die warme Stimme kann ich mich noch erinnern.« Ich empfehle Herrn B., die Augen zu schließen und weiterzuerzählen. »Dann wurde ich in das Krankenhaus geführt, in dem mein Vater im Sterben lag.« Seine linke Hand zittert leicht. Er selbst bemerkt es nicht. Es fällt ihm schwer weiterzuerzählen. Er stand, fährt er fort, neben dem Bett seines Vaters, sah ihn an – aber der Vater sah ihn nicht mehr an. Er war tot. Da begriff er, warum er die Schale in der Hand trug. Er weinte viele Tränen in die Schale hinein, Tränen, die er zeit seines Lebens zurückgehalten hatte. Dann beugte er sich über den Vater und flüsterte ihm zu: »Ich hätte doch so gern mit dir sprechen wollen. Ich hätte doch so gern …«

Am Ende seiner Traumerzählung angelangt, weint Herr B. still und lange. Schließlich öffnet er die Augen, sieht mich verwirrt an. Irgendwann sagt er in die Stille hinein: »Jetzt weiß ich, warum ich zu Ihnen gegangen bin ... Ich weiß nicht, wie lange ich schon die Tränen zurückgehalten habe. Könnte ich doch nur die Zeit zurückdrehen. Vielleicht hätte ich meinen Vater ungeachtet meines Trotzes zum Reden gebracht ... Jetzt ist es zu spät.«

Nachgedanken

Der Vater, von dem hier die Rede ist, gehörte noch jener Generation an, in der der Vater für das wirtschaftliche Wohlergehen der Familie und, wenn möglich, noch für das Spielen und Toben mit den Kindern zuständig war. Nie aber wären diese Väter auf die Idee gekommen, sagt Michael Lamb, einer der hervorragenden Väterforscher weltweit, die Windeln ihrer Kinder zu wechseln oder sie zu baden. Heute dagegen sei es für Väter geradezu peinlich, müssten sie eingestehen, dass sie »diese Dinge« ihren Frauen überlassen hätten.[13]

---

13 Vgl. GEO Wissen, Die Welt verstehen, Forschung. Susanne Paulsen, Wie Väter ihre Kinder prägen: Nr. 46, S. 32.

Das veränderte Rollenverständnis des Vaters

Seit geraumer Zeit hat sich das Rollenverständnis des Vaters erheblich verändert. Viele Väter interessieren sich von der Geburt an sowohl für die individuelle Entwicklung ihrer Kinder als auch für Erziehungsfragen. Die Kinder gewinnen viel vom väterlichen Engagement, so Michael Lamb, wenn der Vater zugleich »Gefährte, Pflegepersonal, Partner, Beschützer, Vorbild, Anleiter in moralischen Fragen und Lehrer« ist.[14]

Das bestätigt Wassilios E. Fthenakis, Entwicklungspsychologe und einer der Begründer der deutschen Väterforschung: »Es ist eine neue Vätergeneration nachgewachsen; inzwischen sehen sich zwei Drittel der Väter in neuen sozialen Rollen, nur ein Drittel verharrt im klassischen Verständnis des nur Brotverdieners.«[15] Durch dieses veränderte Rollenverständnis der Väter verdichtet sich in der Regel auch die Beziehung zwischen den Eltern, zugleich die Kommunikation innerhalb der Familie.

14 Ebd.
15 Ebd.

Und wenn ein Sohn einen Vater hat, der der älteren Generation angehört und von ihm, wie in unserem Beispiel, nicht angesprochen wurde? Dessen Hunger nach einem engagierten Vater nie gestillt wurde? Der noch die Möglichkeit hat, heute noch seinen »alten Herrn« anzusprechen? Es gibt eine Perspektive, die Mut machen kann – den Söhnen und den Vätern:

John Eldredge, Bestsellerautor des Sachbuches »Der ungezähmte Mann«, schildert in seinem Buch »Mach mich stark fürs Leben«,[16] er habe im letzten Jahr einen kurzen Brief von seinem alten Vater bekommen. Der sei nie ein Mensch großer Worte gewesen. Er sei auch nicht geschickt gewesen im Umgang mit Worten. Den Brief habe er auf einer alten Schreibmaschine geschrieben. Die vier Sätze besagten sinngemäß etwa Folgendes: »Ich glaube, du machst deine Sache gut.«

Eldredge fährt fort: »Als Autor bekomme ich viele Briefe ... Und im Lauf der Zeit waren darunter auch wirklich großartige und ermutigende Briefe, für die ich sehr dankbar bin. Aber dieser

---

16 John Eldredge, Mach mich stark fürs Leben. Was nur Väter ihren Kindern geben können, Basel/Gießen 2005, S. 43 ff.

Brief meines Vaters gehört zu den ganz wenigen, die ich aufbewahre. Er gehört zu dem knappen Dutzend Briefe, die mich so bewegten, dass mir die Tränen kamen, und das aus einem einfachen Grund. Denn ein Leben lang habe ich mich danach gesehnt zu wissen, dass ich meinen Mann stehen kann. Dass ich das Zeug zu einem echten Kerl habe. Und wie jeder andere Junge habe ich mich danach gesehnt, eben dies von meinem Vater bestätigt zu bekommen. Und das erklärt, warum mir, einem gestandenen Mann von Mitte vierzig, der seine Kinderjahre längst hinter sich hat, diese wenigen Zeilen von meinem Vater, einem weißhaarigen Opa von knapp achtzig Jahren, so viel bedeuten.«

Im Kapitel »Es ist niemals zu spät« gibt Eldredge alt gewordenen Vätern einige einfache, deshalb kostbare Hinweise:

- »Die Liebe, die ein Kind erfährt, ist wie ein Schutzmantel vor den unvermeidlichen Verletzungen, die mit jeder Beziehung zwischen Menschen auch einhergehen.«
- »Es ist nie zu spät für die Botschaft, die Ihre Kinder so nötig von Ihnen brauchen.«
- »Egal, wie alt Ihre Kinder sind – sie werden immer das Verlangen haben, von Ihnen die

Worte zu hören, die für ihre Seele so entscheidend sind.«

- »Auch wenn es etwas Mut braucht – suchen Sie das Gespräch mit Ihren Kindern.«
- »Egal, wie alt Ihre Kinder sind: Suchen Sie nach Wegen, sie wissen zu lassen, dass Sie hinter ihnen stehen.«

*

»Hätte ich doch …« – »Wäre ich doch …« – »Wenn sie doch nur ein Wort gesagt hätte …« – »Dass er das tun würde, hätte ich nie gedacht …« – »Ich hab's doch irgendwie geahnt …« – »Ich hab's aber doch nur gut mit ihr gemeint …« – »Wie konnte er nur …«: Die Reihe dieser Sätze ließe sich lang fortsetzen. Sätze von Menschen, die nach einem Unglück ratlos dastehen und nach Worten suchen, von denen keines weiterhilft.

Das weiß jeder: Es gibt im Leben ein »Zuspät«. Ein Zuspät für das Glück ebenso wie für das Vermeiden von Unglück. Was könnten wir an Beglückendem erleben, wenn wir wachsamer als bisher die Gunst der Stunde begreifen würden. Wie viel Unglück ließe sich verhindern, wenn wir acht-

samer durch die Zeit gingen und das Wort zur »rechten« Zeit fänden.

Aber: Es gibt ein Zuspät. Es gibt Gelegenheiten, die unwiederbringlich sind. Möglichkeiten, die wir auslassen, die wir übersehen, die dahin sind. Ahnungen, Worte, Träume von ihr oder ihm, Fragen nach Wünschen, nach Angeboten zum Sprechen wie etwa diese: »Ich habe eine Frage auf der Zunge, weiß aber nicht, ob ich sie dir stellen darf …« Oder mit einem Anflug von Humor: »Kann es sein, dass es dir schon mal besser ging?« Oder: »Du weißt, wenn du reden möchtest …« Oder: »Du siehst so aus, als wolltest du mir etwas sagen …« Oder: »Heute Abend läuft ein toller Film. Kommst du mit?« Oder direkt: »Dir geht's nicht gut. Stimmt's?«

Vieles, was wir versäumt haben, können wir nachholen, ausgleichen oder rückgängig machen. Nur eines nicht: den Tod eines Menschen, der sich das Leben genommen hat. Gewiss, gewiss: Wer sich das Leben nimmt, nimmt sich selbst *das Leben. Und doch: Manche wollen nicht mehr leben, weil sie es nicht gewagt haben, dem anderen zu sagen, warum sie ihr Dasein nicht mehr aushalten. Dazu zwei Beispiele.*

*

Weil die Angst vor dem Vater zu groß war – von einem tragischen Selbstmord

Es gibt Gesichter, die man nicht vergisst, obwohl die Beziehung zu den Menschen keine besondere war. Dieters Gesicht sehe ich heute noch vor mir, obwohl nun mehr als 60 Jahre zwischen unserer letzten Begegnung liegen.

Wir waren Fahrschüler. Er stieg zwei Stationen später ein als ich. Manchmal saßen wir nebeneinander. Nicht, weil er meine Nähe gesucht hätte, sondern weil der Platz neben mir frei war. Wir kamen immer nur mühsam ins Gespräch.

Was wusste ich von ihm? Er kam von einem Bauernhof, der von einer mächtigen Mauer umgeben war. (Später dachte ich über diese Mauer lange nach.) Dieters Vater war ein Tyrann, ein Herrscher. Einer, der in jeder Hinsicht »das Sagen« hatte. Er war im ganzen Dorf unbeliebt. Freundlich sprach man von Dieters Mutter. Aber sie war ihrem Mann nicht gewachsen. Sie tat, was er wollte.

Dieter war – so zeigt ihn mir meine Erinnerung – ein hübscher Junge mit roten Wangen und nach vorn gekämmten Haaren. Aber ich wusste nie so recht, woran ich mit ihm war. Das eine Mal spielte er den Clown, das andere Mal starrte er tief versunken vor sich hin. Dann wieder war er zum Plaudern aufgelegt, ein weiteres Mal erschien er mir zynisch.

Ich kann mich nicht daran erinnern, dass er einmal gelacht hätte.

Dann kam der eine Sommer. Wochenlang schien die Sonne. Wir Fahrschüler waren bester Stimmung, als wir in die Ferien fuhren. Daran, ob Dieter an diesem Tag bei uns war, erinnere ich mich nicht mehr. Kurz nach Ferienbeginn kam die Nachricht: Dieter ist tot. Er hatte sich auf dem Dachboden des elterlichen Hofes erhängt. Er wäre nicht in die nächste Klasse versetzt worden. Das hätte sein Zeugnis nicht hergegeben. Dieter hatte es nicht gewagt, seinen Vater darauf vorzubereiten, dass er »sitzen bleiben« werde. Und offenbar hatte er auch seiner Mutter nichts zu sagen getraut. Dieter wurde 15 Jahre alt.

Lähmung breitete sich im Dorf aus, besonders dicht über meine Jungenseele. Mich packte eine unbändige Wut auf den Vater, ein starkes Mitgefühl mit der Mutter. Vor allem aber fühlte ich die tiefe Sinnlosigkeit dieses Todes. Hätte Dieter doch wenigstens seiner Mutter seine Angst vor dem Zeugnis anvertraut! Vielleicht hätte sie die vermutlich hoch schlagenden, wütenden Wellen des Vaters glätten können. Deutete dieser schreckliche Tod nicht darauf hin, dass Dieter außer Angst auch eine unsägliche Wut gehabt haben musste? Wut gegen den herrischen Vater, vielleicht aber auch auf die Mutter, der er es nicht zugetraut hatte, sich vor ihren Sohn zu stellen? Und welche Bedeutung hatte dieses »Blatt«, Zeugnis genannt, für das Leben von Kindern, dass es ein solches Unheil anrichten konnte?!

Während ich diese Zeilen schreibe, fällt mir ein Begriff ein, über den wir Studenten uns amüsierten. Einer unserer Professoren gebrauchte den Begriff »schicksalswirkende Tatsphäre«. Der Begriff ist ein Wortmonster, sein Inhalt alles andere als das. Er bedeutet: Wenn irgendwo ein Unheil geschieht, das nicht hätte geschehen dürfen, zieht es immer weitere Kreise. Dann wirken sich die von dem Unheil verursachten Empfindungen und Gefühle immer weiter aus. Dann verändert sich das Leben rundum. So war es auch in unserem Dorf gewesen.

Was wäre gewesen, wenn Dieter zu seinem Zeugnis gestanden hätte? Wir wissen es nicht.

Was wir sicher sagen können, ist: Er hätte weitergelebt. Wie? Auch das wissen wir nicht. Irgendwann jedoch hätte er das Haus verlassen und die Möglichkeit gehabt, *seinen eigenen* Weg zu gehen.

Nachgedanken

Symptome jugendlicher Selbstmordgefährdeter

Das sollte jeder wissen: Dass die 15- bis 20-Jährigen zu jener Altersgruppe gehören, in der der Suizid neben Verkehrsunfällen und Drogentod die häufigste Todesursache ist. Dass in diesem Alter die Suizidgefahr nicht leicht erkennbar ist und deshalb Erwachsene zu besonderer Aufmerksamkeit herausgefordert sind. Viele dieser Jugendlichen bringen ihre Not durch *Interesselosigkeit, Antriebsminderung, Zurückgezogenheit oder Aufsässigkeit* zum Ausdruck, Symptome, die von der Umgebung leider oft missgedeutet werden. Das kommt daher, dass vielen jungen Menschen die Fähigkeit fehlt, das zum Ausdruck zu bringen, was sie »fertig macht« und was sie brauchen. Eher noch erfahren ihre Gleichaltrigen, weil sie ihnen vertrauenswürdiger erscheinen als Erwachsene, worunter sie leiden.

Gibt es weitere Merkmale,
die auf Suizidalität hinweisen?

Ja,

- wenn sich in kurzer Zeit ein Mensch auffällig verändert,
- wenn er sich plötzlich verschließt,
- wenn die Stimmungen in nicht bekannter Weise schwanken,
- wenn er sich selbst verletzt,
- wenn Drogen und/oder Alkohol ins »Spiel« kommen,
- wenn sich auffällige Essgewohnheiten zeigen,
- wenn er die Schule schwänzt,
- wenn übermäßige Ängste aufkommen.

Was kann einen Suizid auslösen?

Bei Kindern oder Jugendlichen, die sich das Leben nehmen wollen, ist häufig eine Krisensituation vorausgegangen, zum Beispiel Streitigkeiten in der Familie, Versagen in der Schule, eine misslungene Prüfung, Mobbing durch Altersgenossen, die ungewollte Beendigung einer Beziehung, eine ungewollte Schwangerschaft. Bemerkenswert ist auch, dass die Zahl der Suizide ansteigt, wenn in den

Medien von Suiziden bekannter Persönlichkeiten berichtet wird. Das Gleiche gilt, wenn in der näheren Umgebung Menschen sich das Leben nehmen.

Wann würden sich junge suizidale Menschen auf ein Gespräch mit Erwachsenen einlassen?

Vielleicht dann, wenn es zum Beispiel so verliefe:

Vater: »Hab' dich lange nicht gesehen …«
Sohn: »Kann schon sein.«
Vater: »Hab' dich vermisst.«
Sohn: schweigt.
Vater: schweigt auch.
Sohn (defensiv-aggressiv): »Woher kommt denn heute dein gewaltiges Interesse an mir?«
Vater: »Ist schon älter, als dir bekannt ist.«
Sohn (ironisch): »Ist ja cool.«
Vater: »Verstehe ich nicht. Was ist cool?«
Sohn: »Du hast mich schon verstanden.«
Vater: »Was hab' ich schon verstanden?«
Sohn (defensiv-aggressiv): »Dass du schon sooo lange an mir Interesse hast und ich davon bis heute nichts weiß …«
Vater schweigt lange und sagt schließlich: »Das bedauere ich – ganz doll – ehrlich.«

Sohn schweigt auch, dann sagt er: »Hey, Alter, nicht komisch werden. Hast ja noch 'ne Chance bei mir ...«

Vater (lächelnd): »Kann ich mir eine Chance aussuchen?«

Sohn (nicht unfreundlich): »Alter Taktiker! Was denn?«

Vater: »Mal ein Gespräch zwischen Vater und Sohn.«

Sohn: »Aber nicht gleich heute Abend ...«[17]

[17] Umfassende Informationen erhalten Sie in dem aktuellen Buch von Paul Plener: Suizidales Verhalten und nicht suizidale Selbstverletzungen. Manuale psychischer Störungen bei Kindern und Jugendlichen, Berlin/Heidelberg 2015.

Weil die Angst vor der Auseinandersetzung mit ihrem Mann zu groß war – ein notwendiger Selbstmord?

Wenn ich an Ingo F. denke, sehe ich vor mir ein dunkles Gesicht. Ich sehe wieder seinen starren Gang. Ich höre wieder seine leise Stimme.

Er sitzt vor mir und schweigt. Nach einiger Zeit beginnt er: »Meine Frau ist tot. Sie hat sich das Leben genommen. Noch am Abend vor ihrem Todestag hatten wir miteinander geschlafen. Am nächsten Tag war sie weg. Die Polizei hat sie tagelang gesucht. Tage der Hölle. Schließlich fand man sie. Auch den Abschiedsbrief. Sie habe mich sehr geliebt. Aber sie habe meinen zu starken Wunsch nach Nähe nicht mehr ertragen können.«

Er schweigt, unterdrückt sein Weinen. Ich versuche in seinem Gesicht zu lesen, was seine Worte mir nicht sagen. »Vor wenigen Monaten haben wir uns zur Ruhe gesetzt. Wir haben unser Geschäft verkauft und uns vorgenommen, das Leben zu genießen. Wir wollten ins Theater gehen, reisen, Feste geben, eben tun, was wir uns in den langen Arbeitsjahren nicht erlaubt haben.« Er seufzt. »Mehr gibt es eigentlich nicht zu sagen. Nur noch: Ich verstehe nicht, wie das passieren konnte. Sie hätte mir doch alles sagen können.«

Hätte sie das? Warum hat sie es nicht getan? Hätte sie ihm ihre Not wirklich anvertrauen können? Im Lauf des Gesprächs stellte sich heraus, dass er »der Chef« in der Ehe gewesen war und »Widerworte« ihrerseits nicht angebracht gewesen waren. Er hatte bestimmt, was »richtig« war und was nicht. Und sie tat, was er wollte. Nur dieses eine Mal nicht.

Und warum konnte sie »es« ihm nicht sagen? War er so stark, dass sie nicht den Mut fand, mit ihm über das zu sprechen, was sie in den Selbstmord trieb? Der Mut, sich das Leben zu nehmen, war stärker als das Wagnis, ihm zu sagen, was sie bedrängte? Nie hatten sie über Schwieriges in ihrer Beziehung gesprochen. Schwieriges schien es überhaupt nicht gegeben zu haben.

Was ging wohl in ihr vor, als sie in der Nacht, bevor sie sich das Leben nahm, mit ihrem Mann so eng zusammen war? Wir wissen es nicht. Was wissen wir denn? Dass sie so verzweifelt war, dass sie »es« ihm nicht sagen konnte.

Ingo F. besuchte mich einige wenige Male. Ob ich ihm behilflich sein konnte? Wahrscheinlich wenig. Denn Absurdität – und darum, so schien es mir, handelte es sich bei *diesem* Suizid – ist frei von jedem Anflug an Sinn.

Und wenn ich noch einmal die Möglichkeit hätte, mit ihm zu sprechen? Ich hätte ihn dazu animiert, alles Schöne, das sie beide miteinander erlebt hatten, ausführlich zu erinnern. Ihn danach angeregt, seine riesige Trauer auszusprechen und auszuweinen.

Und ihm die Frage gestellt, ob da noch etwas sei, worüber wir sprechen sollten.

Nachgedanken

Weit mehr Beziehungen zwischen Partnern als gedacht sind von der unseligen Tendenz bestimmt, dass der eine den anderen besitzen will. In erschreckender Weise wird diese Annahme durch den Satz belegt, der nicht selten nach einer Trennung zu hören ist: »Wenn er/sie doch nur gestorben wäre! Das hätte ich leichter ertragen als die Trennung.«

Wer die Liebe töten will, fängt an, den anderen »haben« zu wollen. Wird ein von dieser Neigung beherrschter Mensch tatsächlich von seinem Partner verlassen, dann ist ihm, als habe er einen Teil von sich selbst verloren. Von sich selbst? Ja, denn er (miss)brauchte den anderen zu seiner Ich-Erweiterung, zur Ausweitung und zur Ergänzung seiner eigenen Persönlichkeit. Deshalb richtete er ihn – und keineswegs immer sichtbar aggressiv – auf sich hin aus.

Andererseits: Es ist gewiss nicht leicht, sich gegen einen besitzergreifenden Partner aufzulehnen. Doch ist es keineswegs rühmlich, die Flucht zu ergreifen – nach innen oder nach außen –, wenn die Einengung durch den anderen das Maß des Erträglichen überschritten hat. Ausweichen vor Stärkeren ist verständlich, nachvollziehbar, menschlich, doch bedeutet Ausweichen auch, sich nicht auf das zu besinnen, was auch spezifisch menschlich ist: die Möglichkeit, sich frei entscheiden und verhalten zu können.

Frei werden ist die bessere Alternative

Gibt es wirklich diese Möglichkeit? Ja! Was ist denn Freiheit? Mehr als ein Wort. Etwas Kraftvolles, Stärkendes, Weitendes, Gefühlvolles. Freiheit ist die in *jedem* Menschen vorhandene *Möglichkeit*, sich innerhalb gewisser Grenzen frei verhalten zu können. Die *Möglichkeit* zur Freiheit gehört zur geistigen Ausstattung *jedes* Menschen. Wir können sie vernachlässigen, verleugnen, verdrängen. Wir können sie übersehen, missachten und aufhören, sie zu suchen. Wir können sie mit der Schärfe unserer Gedanken als Illusion beschreiben. Doch die Möglichkeit, sie zu finden, wiederzufinden, zu entdecken, sie zu leben, bleibt in uns, solange wir leben.

Nein, nicht die Gene, nicht die Erziehung, nicht die sozialen Umstände und auch nicht die Zeit, in der wir leben, entscheiden letztlich über unser Leben, sondern dies: ob wir von der uns innewohnenden Freiheit Gebrauch machen oder nicht. Wie aber geht das – freier zu werden? Freier wird,

- wer sich vergegenwärtigt, wie der derzeitige »Stand« seiner persönlichen Freiheit aussieht, wie es mit seinem Selbstvertrauen aussieht, ob er den von Kant empfohlenen aufrechten Gang praktiziert, wie es mit meiner Liebe zum Leben bestellt ist.
- wer die Sehnsucht nach Freiheit zulässt, wer also zum Beispiel nicht gleich wegläuft, wenn der Traum, den er im Stillen schon lange geträumt hat, zum Greifen nahe ist.

- wer immer wieder seine früheren persönlichen Erfahrungen mit Freiheit erinnert, also zum Beispiel die Kühnheit, mit der er/sie eine Rede hielt.
- wer sich von den alten Verletzungen so weit wie möglich verabschiedet und mit dem, was war, Frieden schließt. Diese Aufgabe ist deshalb so wichtig, weil wir nur dann geistesgegenwärtig und also frei leben können, wenn wir die schmerzhaften Erinnerungsfesseln abgestreift haben.
- wer die Barrieren auf dem Weg zur Freiheit erkennt und so weit wie möglich abbaut, also zum Beispiel seine Ungeduld, seine Ichbezogenheit, seine Lebensangst, seine Maßlosigkeit.
- wer die Grenzen, die zu ihm gehören, endlich respektiert, zum Beispiel seine Melancholie, seinen Mangel an Kreativität oder seinen sozialen Stand.
- wer die Grenzen, die nicht zu ihm gehören, so weit wie möglich hinausschiebt und bereit ist, seine verborgenen freien Räume zu suchen.
- wer immer wieder die Ziele seiner Freiheit zum Magneten macht, indem er sich immer mehr in das, was er erreichen will, eindenkt, einfühlt, einträumt, einlebt.

- wer mit zunehmender Lust Verantwortung übernimmt und bereit ist, über sich selbst hinauszuwachsen und auch auf das zu sehen, was nicht nur er selbst, sondern auch seine Mitwelt braucht.
- wer begreift, dass der Glaube an Gott ein Wagnis ist, dass er Kühnheit verlangt – und daraus Konsequenzen zieht.[18]

*

Die Überleitung zum nächsten Abschnitt fällt mir schwer, denn ich finde es aufgrund eigener Erfahrung noch immer bedrückend, wenn ein Partner den anderen in einer so wichtigen Lebensfrage dominiert wie in der, von der ich nun berichten werde.

*

---

18 Siehe dazu Uwe Böschemeyer, Machen Sie sich bitte frei. Entdecken Sie Ihre Furchtlosigkeit, Salzburg 2012.

Weil mein Mann kein weiteres Kind wollte – von einer Abtreibung

In meiner konkreten Arbeit habe ich oft mit Frauen zu tun. Manchmal kommt es vor, dass mir aufgeht, wie viel anders Frauen denken, empfinden, fühlen und handeln als Männer. Wenn ich dergleichen wahrnehme, brauche ich mehr Zeit als sonst, um mich auf das vorgestellte Problem einstellen zu können.

Ich kannte Anne D. bereits seit längerer Zeit. Schon manchmal hatte ich mich darüber gewundert, dass ein Mensch wie sie, wohlhabend, gesellschaftlich geschätzt, sozial engagiert, wenig glücklich aussah. Sie wirkte diszipliniert, freundlich, höflich, aber nicht wirklich offen. Das änderte sich an dem Tag, an dem sie mir einen Traum erzählte. Sie hatte ihn zunächst nicht wirklich verstanden. Ihre Unruhe aber und der Wunsch, ihn unbedingt verstehen zu wollen, ließen mich ahnen, dass der Traum in ihr etwas Wichtiges angestoßen hatte. Der Traum:

> *Nachdem sie durch dunkle Straßen gegangen war, tauchte vor ihr eine mittelgroße, keineswegs schön wirkende Kirche auf. Sie war erstaunt. Denn sie hatte keinerlei Beziehung zur »Kirche«. Als sie eintrat, wurde sie von einem starken Angstgefühl überfallen. An einer Säule hielt sie sich fest. Irgendwann wurde ihr Blick vom Altar angezogen. Die Angst verdichtete sich. Es dauerte eine gewisse Zeit, ehe die magnetische Kraft, die vom Altar ausging, nachließ. Sie ging auf ihn zu. Was sie sah, löste ganz unterschiedliche Gefühle aus: Trauer, Sehnsucht, dann eine solche Wut, dass sie aufwachte. Was hatte sie gesehen? Sie wusste gleich, was »es« war: Ein abgetriebener Fötus, von Geweberesten umgeben, lag auf dem Opfertisch. Die letzten Sätze brachte Anne D. nur mühsam hervor. Sie schluchzte lange.*

Warum wollte sie das Kind nicht haben? Und ob sie es haben wollte! Sie hatte bereits zwei Kinder. »Zu und zu gern« aber hätte sie auch dieses gehabt. Ihr Mann freilich hatte ihr immer wieder zu verstehen gegeben, dass er »unter keinen Umständen« Vater dreier Kinder werden wollte. Und doch wurde sie schwanger. Woche für Woche hatte sie ihr »Bekenntnis« auf den Lippen gehabt, den Satz aber nicht ausgesprochen. So sehr fürchtete sie den Wutausbruch ihres Mannes. In vielen Nächten hatte sie mit sich gekämpft, ob sie sich nicht doch gegen ihren Mann durchsetzen sollte. Nur mit ihrer Schwester hatte sie über ihre Not gesprochen. Schließlich hatte sie sich in ihr »Schicksal« gefügt.

In den Jahren nach der »Abtreibung« veränderte sie sich. Sie wurde stiller, fühlte sich einsam, resigniert, dann wieder »verbissen«. Sie lachte nicht mehr, entfernte sich immer mehr von ihrem Mann. Sie hatte ihr Kind, so sagte sie, ihm zuliebe »geopfert«.

Sie ließ das Traumbild lange auf sich wirken, stellte sich noch einmal vor, was gewesen wäre, wenn sie das Kind – es wäre inzwischen zehn Jahre alt gewesen – heute erleben könnte. Dann weinte, schluchzte, schrie sie all ihre Wut, Traurigkeit, Sehnsucht aus sich heraus. Und sie gestand sich ein, dass sie sich ihrem Mann gegenüber unbedingt hätte behaupten müssen. Irgendwann begann die Wunde zu heilen.

Nachgedanken

Jede »Abtreibung« ist ein tiefer Einschnitt ins Leben. Daran ändert nichts die kühne Behauptung: »Mein Bauch gehört mir.« Aus zahlreichen Gesprächen mit Frauen, aus ihren Träumen und Wertimaginationen habe ich erfahren, dass manche die Entscheidung gegen das Kind *aus wirklich großer Not* trafen. Angesichts solcher Entscheidungen hüte ich mich davor, Reflexionen anzustellen, ob ein Schwangerschaftsabbruch ethisch zu rechtfertigen sei oder nicht. Ihre Zweifel, ihre Verzweiflung, ihre Ängste, ihre (Selbst-)Vorwürfe, ihre Einsamkeit, Suizidalität und Niedergeschlagenheit halten mich vor Urteilen ab, die mir nicht zustehen.

Dagegen möchte ich schwangere Frauen, die solche Not nicht kennen und dennoch zweifeln, ob sie ihr Kind austragen sollten, dazu ermutigen, sich für das neue Leben zu entscheiden. Ich verzichte darauf, von der Liebenswürdigkeit der Kinder zu schwärmen (so gern ich es täte), sondern berufe mich auf Erfahrungen vieler Träume und bewusster Wanderungen in und durch die unbewusste Welt, die in der Regel darauf hinweisen, dass die Seele nicht einverstanden damit ist, wenn das sich ankündigende Kind nicht angenommen wird. Darüber hinaus gibt es hinreichend viele Familienberatungsstellen, die kompetent und hilfreich Perspektiven zeigen können, von denen verängstigte Frauen bislang nichts wussten.

*

Wenn Eltern ihre Kinder »weggeben«, sie also zur Adoption freigeben, haben sie dafür in aller Regel schwerwiegende Gründe. Welche Tragik hinter einer solchen Entscheidung stehen mag, können daran nicht Beteiligte kaum ermessen. Was aber in einem Kind vorgeht, das erst nach Jahren von seiner Adoption erfährt, ist ebenso kaum zu ermessen, es sei denn, wir erführen von dem Kind selbst, wie es sich fühlt. Ein Beispiel dafür stelle ich Ihnen jetzt vor.

*

Weil ich von meiner Adoption nichts wusste

Je älter ich werde, desto mehr geht mir auf, was ich lange zuvor schon wusste: dass wir andere Menschen, wenn überhaupt, erst dann zu verstehen beginnen, wenn wir uns Zeit nehmen, uns so tief wie möglich in sie einzufühlen. Deshalb frage ich mich, was wohl in einem Jungen vorgeht, der mit 12 oder 13 Jahren zufällig erfährt, dass seine Eltern gar nicht seine leiblichen Eltern sind. Vielleicht kennt er nicht einmal den Begriff Adoption. Vermutlich ist er zuerst sprachlos, verstört, orientierungslos. Ihm geht auf, dass seine vermeintlichen Eltern ihn getäuscht haben und seine wirklichen Eltern ganz woanders leben. Wer sind wohl die »richtigen« Eltern? Wie sehen sie aus? Was machen sie? Warum haben sie mich weggegeben? Oder sind sie tot? Fragen über Fragen überfallen den Jungen. Dann auch die Irritation: Meine »Eltern« sind aber doch lieb zu mir, obwohl sie nicht meine »richtigen« Eltern sind. Allerdings sehen sie anders aus als ich. Was wird jetzt nur aus mir?

Vor mir sitzt ein älterer Herr mit einem edlen Anzug, den er offensichtlich eigens wegen seines Besuchs bei mir angezogen hat. Doch dieses Äußere verbirgt nicht eine gewisse Unsicherheit. Nach einer (überflüssigen) Entschuldigung, dass er mir meine Zeit »stehle«, da ich doch sicher mit schwereren »Fällen« zu tun habe als mit seinem, beginnt er mit seiner schönen, tiefen Stimme zu erzählen:

Er wollte Klempner werden, weil sein Freund Klempner war. Doch schon bald spürte er, dass er unterfordert war und sich gern weiterbilden wollte. Er holte sein Abitur nach, studierte und wurde nach wenigen weiteren Jahren Direktor eines großen Unternehmens. Er hatte Karriere gemacht. Als er pensioniert wurde, war er wohlhabend, hatte ein schönes Haus und wurde ein angesehener Bürger seines Ortes. Aber glücklich war er nicht. Er hatte mit 20 Jahren geheiratet, weil er sich nach einer eigenen Familie sehnte. Die Ehe wurde geschieden, weil er intensiv studierte und deshalb für seine junge Frau zu wenig Zeit hatte. Er heiratete wieder, aber die Kinder aus beiden Ehen bereiteten den Eltern größte Schwierigkeiten. Und immer wieder sprach er von seiner Adoption – bis heute.

Seine Mutter war ein intelligentes und hübsches Mädchen gewesen. Deswegen hatte ihr Vater für seine Tochter eine klare Vorstellung von der Zukunft entwickelt: Sie sollte einen »höheren« Beamten heiraten. Stattdessen wurde sie von einem »einfachen« Mann schwanger. Sie war 17. So lange wie möglich behielt sie ihr Geheimnis für sich. Als ihr Vater davon erfuhr, geriet er außer sich. Kurz vor der Geburt fuhr der Vater sie in eine fern gelegene Stadt, wo sie in einer Klinik einen Jungen zur Welt brachte. Sie wäre bei seiner Geburt fast gestorben. Sie bekam ihr Kind nicht zu Gesicht. Ihr Vater hatte entschieden, den Jungen zur Adoption freizugeben. Noch im Kreißsaal nahm man ihn der Mutter weg.

Er wurde, berichtet er weiter, von zwei »lieben« Eltern adoptiert. Sie selbst hatten keine Kinder bekommen können. Er hatte es gut bei ihnen. Sie ließen es an nichts fehlen. Als er heranwuchs, wurde die Unterschiedlichkeit zwischen Eltern und Sohn deutlich: auf der einen Seite die biederen, einfachen, nicht gerade temperamentvollen Eltern, auf der anderen Seite der energiegeladene, offene, intelligente Sohn. Doch gravierende Probleme gab es nicht.

Dann kam der Tag, an dem er in einem Schubfach seine Geburtsurkunde fand. Da war er 13. Es war, als durchbohrte ihn ein Schwert. Zunächst fand er keine Sprache.

Den Eltern ging er aus dem Weg. Abends kam er über Wochen spät nach Hause. Dann brüllte er sie an: »Wer seid ihr? Wo sind meine Eltern? Was habt ihr mit mir zu tun? Warum habt ihr mir nicht gleich gesagt, dass ihr gar nicht meine Eltern seid? Ihr habt mich belogen. Ich kann euch nie mehr vertrauen. Was soll ich jetzt machen?« Die Eltern waren erstarrt. Der Vater stützte sich auf einen Stuhl, die Mutter ließ sich in einen Sessel fallen. Sie weinte, hörte nicht auf zu weinen. Der Vater stammelte etwas, was nicht zu verstehen war. Schließlich richtete er sich auf und sagte weinend: »Weil wir es dir nicht sagen konnten. Jahr für Jahr haben wir befürchtet, dass dieser Tag kommen könnte. Wir waren so glücklich, als du zu uns kamst. Und …« Er konnte nicht weitersprechen. Florian schwieg. Die Worte des Vaters hatten ihn getroffen, ihn tief berührt. Dann aber übermannte ihn wieder eine ohnmächtige Wut. Er biss seine Zähne zusammen und verließ den Raum.

Wenig später kam ihm eine Idee: Er überredete seinen Freund, mit ihm gemeinsam seine Mutter zu suchen. Er hatte etwas Geld gespart und kaufte für sich und seinen Freund eine Bahnkarte. Ziel war die Stadt, die auf seiner Geburtsurkunde angegeben war. Die beiden kamen tatsächlich in M. an, wurden aber prompt von der Bahnhofspolizei in Empfang genommen. Und wieder verspürte er das Schwertgefühl.

Acht Jahre später lernte er seine leibliche Mutter kennen – und lieben. Es schien, als wollte er all das nachholen, was ihm nicht das Schicksal, sondern sein Großvater vorenthalten hatte. Er besuchte sie häufig, auch dann, als sie aufgrund ihrer Krankheit für ihre Umgebung anstrengend wurde. Seinen Vater lernte er nicht mehr kennen. Er war im Krieg gefallen. Und seine Adoptiveltern? Er blieb ihnen treu, vergaß nie, was sie für ihn getan hatten.

Nach seiner ausführlichen Erzählung schweigt er, schüttelt nach langer Zeit den Kopf und sagt:

»Ich verstehe das alles noch immer nicht: die Brutalität des Vaters meiner Mutter gegenüber« – das Wort »Großvater« mag er verständlicherweise noch immer nicht aussprechen –, »das Schweigen meiner Adoptiveltern. Und vieles andere mehr.« Dann sieht er mich erwartungsvoll an. Ich gebe ihm zu verstehen, dass mich sein Bericht erschüttert hat. Was soll ich dazu sagen? Nach einigem Nachdenken sage ich: »Ich habe drei Fragen für Sie. Nein, sie erklären nichts, vielleicht aber zeigen Ihnen Ihre eigenen Antworten eine andere Perspektive als die, die Sie bis jetzt hatten:

- Sind Sie sicher, dass Sie in der Familie Ihrer leiblichen Mutter glücklicher geworden wären als bei Ihren Adoptiveltern?
- Kann es sein, dass die Zeit gekommen ist, das Thema ›Adoption‹ ruhen zu lassen? Denn die Fixierung auf das, was wir Schicksal nennen, behindert den Blick auf das, was wir darüber hinaus an Gutem oder gar Beglückendem haben.
- Schließlich: Nie sind es die Äußerlichkeiten, Ereignisse oder Gegebenheiten, die unser Leben primär bestimmen, sondern unsere *Einstellung* zu ihnen. Darüber lassen Sie uns in der nächsten Zeit lange reden.«

Nachgedanken

Die Frage, wann Adoptiveltern mit ihrem Kind über die Adoption sprechen sollten, lässt sich nicht klar beantworten. Klar ist nur, dass sich viele Adoptiveltern darum sorgen, ob sie auch dann von ihrem Kind angenommen und geliebt werden, wenn sie »es« sagen. Sagen sie es jedoch nicht, findet das erwachsene Adoptivkind etwa Unterlagen über die Adoption, können die Schäden unübersehbar sein: Es wird sich vermutlich verraten und hintergangen fühlen, wird das Vertrauen zu den Eltern verlieren. Vor allem aber wird ein solcher Mensch, bewusst oder unbewusst, verzweifelt danach fragen, *wer er denn selber sei*, wer und wo die »anderen« Eltern seien, wie sein Leben verlaufen wäre, wenn es in der anderen Familie aufgewachsen wäre. Wahrscheinlich werden die Folgen des Verschweigens dieses Geheimnisses nicht leicht zu überwinden sein.

Dagegen deuten Erfahrungen darauf hin, dass ein frühes Gespräch günstig ist. Wenn die Eltern ruhig, besonnen und so natürlich wie sonst auch mit ihrem Kind sprechen, wird es die »Information« wahrscheinlich leichter aufnehmen. Wichtig ist nur, auf dramatische Ausführungen zu verzichten und wahrhaftig zu erzählen, »wie alles gekommen ist«. Spürt das Kind die Wärme und Wahrhaftigkeit der Eltern, wird es weiterhin zu ihnen Vertrauen haben.

*

Wie schön beginnen die meisten »Liebesgeschichten«! Und wie traurig, ja trostlos enden viele. Ist das Schicksal, Schuld, Unvermögen? Ein Beispiel dieser Art beschreibe ich im folgenden Abschnitt. Manchmal jedoch entsteht aus einer scheinbar aussichtslosen Ehesituation eine neue, echte, liebevolle Beziehung. Der Grund? Sie finden ihn in der übernächsten Geschichte veranschaulicht.
Wenn Menschen trotz bestehender Schwierigkeiten beieinander bleiben wollen, dann gibt es für sie keine größere Hilfe als jene, die der weise jüdische Religionsphilosoph Martin Buber in seinem berühmten Buch »Der Weg des Menschen nach der chassidischen Lehre« beschrieben hat. Ich wünschte, dieser Text würde bereits in der Schule jungen Menschen nahegebracht.
»Der Ursprung allen Konflikts zwischen mir und meinen Mitmenschen ist, dass ich nicht sage, was ich meine, und dass ich nicht tue, was ich sage. Denn dadurch verwirrt und vergiftet sich immer wieder und immer mehr die Situation zwischen mir und dem andern, und ich in meiner inneren Zerfallenheit bin gar nicht mehr fähig sie zu meistern, sondern entgegen all meinen Illusionen bin ich ihr willenloser Sklave geworden. Mit unserem

Widerspruch, mit unserer Lüge päppeln wir die Konfliktsituationen auf und geben ihnen Macht über uns, bis sie uns versklaven. Von hier führt kein andrer Ausgang als durch die Erkenntnis der Wende: Alles hangt an mir, und durch den Willen der Wende: Ich will mich zurechtschaffen.«
Wie das möglich ist, hat Buber einige Zeilen nachher so formuliert: »Es kommt einzig darauf an, bei sich zu beginnen, und in diesem Augenblick habe ich mich um nichts anderes in dieser Welt als um diesen Beginn zu kümmern. Jede andere Stellungnahme lenkt mich von meinem Beginnen ab, schwächt meine Initiative dazu, vereitelt das ganze kühne und gewaltige Unternehmen.«[19]
Ob das schwer ist oder leicht, ein solches »Unternehmen« zu schaffen? Das hängt davon ab, wie kostbar mir Leben ist, mein eigenes und das meines Partners, meiner Partnerin.

*

[19] Martin Buber, Der Weg des Menschen nach der chassidischen Lehre, Heidelberg 1986, S. 32 f. und 34.

Weil ich zu feige war – von einer gescheiterten Ehe

Die folgende Geschichte ist keine aus meinem Therapieraum. Ein Freund hat sie mir erzählt: Er sah die Studentin in einem Seminar in der Universität. Er leitete die Veranstaltung. Die junge Frau war anders als die anderen Studentinnen. Sie sah ihn an. Er war verwirrt. Sie lächelte. Einige Wochen später sagte sie zu seiner Verwunderung: »Wenn Sie einmal ausruhen wollen, besuchen Sie mich. Ich wohne im Grünen.« Er besuchte sie. Er hatte keine Schuldgefühle. Ausgerechnet er.

Er war verheiratet, hatte drei kleine Kinder, die er sehr liebte. Die einst liebevolle Beziehung zu seiner Frau hatte gelitten. Das hatte schon vor der Hochzeit begonnen. Aber an eine Affäre, gar eine Trennung hatte er nicht gedacht. Niemals! Schon wegen der Kinder nicht. Es kam anders.

Er erfand Ausreden, wenn er – gegen seine Gewohnheit – spät nach Hause kam. Er log, wenn seine Frau ihn morgens fragte, wie sein Tag aussähe. Er dachte nicht darüber nach, dass seine

Kinder ihn kaum sahen. Er drängte den Gedanken beiseite, dass er »eigentlich« mit seiner Frau über seine Freundin sprechen sollte. Er dachte nur an sie, seine Frau war ihm fremd geworden.

Irgendwann sagte seine Freundin, nun müsse er sich bald entscheiden, was er wolle. Die Zeit des reinen Genießens war damit vorbei. Die Entscheidung wurde ihm jedoch abgenommen. Er hatte mit ihr eine Reise unternommen. Durch einen »kuriosen Zufall« hatte seine Frau davon erfahren und ihn zur Rede gestellt. Wie ein kleiner Junge saß er vor ihr, gab »alles« zu, war bereit, sofort auszuziehen. Schrecklich nur war ihm der Gedanke an seine Kinder. Was und wann sollte er mit ihnen über seine Entscheidung sprechen?

Irgendwann fragte ihn seine Frau: »Warum hast du mir nicht gleich von deiner Liebschaft erzählt?« – »Weil ich es dir nicht sagen konnte.« – »Und bitte schön, warum nicht?« Er schwieg. Da schrie sie ihn an, dehnte die beiden Wörter so weit wie möglich: »Warum nicht!?« Er schwieg weiter. »Der gnädige Herr haben also noch immer nicht den Mut, mir ins Gesicht zu sagen, was er zwei Jahre hinter meinem Rücken getrieben hat?«

Er stand auf, bat sie, ihn einen Augenblick zu entschuldigen. Sie ließ ihn überraschenderweise gehen. Er zündete sich eine Zigarette an, ging in den Garten. Tiefes Schamgefühl durchzog ihn. Er fragte sich: »Ja, warum habe ich nicht den Anstand gehabt, ihr die Wahrheit zu sagen? Wäre es tatsächlich so schwer gewesen, ihr gegenüber offen zu sein? Hätte sie nicht Ehrlichkeit verdient gehabt?« Da hörte er eine andere Stimme in sich: »Ich wusste doch selbst lange nicht, was ich wollte.« Die Stimme ließ nicht locker: »Du hast sie hinters Licht geführt, hast ihr die Möglichkeit genommen, sich mit dir auseinanderzusetzen, als es für uns vielleicht noch nicht zu spät war.«

Wovor hatte er Angst gehabt? Ihr in die Augen zu sehen? Ihre Achtung zu verlieren? Angst vor ihrer Wut und der Verachtung ihrer Familie? Ihre Familie würde sowieso keinerlei Verständnis für ihn zeigen. Oder? Er merkte, dass ihm noch immer nicht bewusst war, warum er zwar zwei lange Jahre die Fürsorge seiner Frau genossen, sie aber keines klaren Wortes gewürdigt hatte. Er zündete eine weitere Zigarette an und wusste plötzlich die Antwort: »Weil ich zu feige war, zu dem zu stehen, was war.« Es erschien ihm seltsam, dass er sich plötzlich erleichtert fühlte. Er wollte gleich zu ihr gehen und »reinen Tisch« machen.

Dazu kam er nicht. Als er das Wohnzimmer betrat, sah er sie weinen. Er wollte ihre Schulter berühren, sie wies ihn barsch zurück. Beide schwiegen. Eines der Kinder riss die Tür auf: »Mama!« – »Nicht jetzt!«, rief sie so laut, dass der Kleine erschrocken zurückwich.

Plötzlich richtete sie sich auf, sah ihn hämisch an, ließ ihn eine Weile schmoren und sagte dann: »Weißt du eigentlich, dass ich deine Affäre schon lange geahnt habe?« Nun war er entrüstet und fuhr sie an: »Und warum hast du mir nichts gesagt?« Sie zögerte die Antwort hinaus, sagte dann: »Weil ich es dir nicht sagen *wollte*!« Er war kreidebleich geworden. »Und warum nicht? Wir hätten doch …« Rechtzeitig ging ihm auf, dass die Fortsetzung seines Satzes die Situation für ihn noch viel peinlicher gemacht hätte.

Beide hatten in den letzten zwei Jahren zwar die Wohnung geteilt, nicht aber ihr Leben. Beide hatten sich zu Hause nicht mehr wohlgefühlt. Beide hatten fast nur Belangloses miteinander gesprochen. Beide hatten sich nicht mehr in die Augen gesehen. Beide hatten die Chance vertan, wieder zueinanderzufinden. Beide verloren sich, weil sie das Wort für den anderen nicht suchten.

Nachgedanken

Trennungen sind tiefe und schmerzvolle Einschnitte. Sie verletzen Seelen, schaffen Unordnung, stören nicht nur das Paar, sondern auch Familien, Freundes- und Bekanntenkreise, entziehen Kindern den Boden unter den Füßen, dunkeln ganze Lebensabschnitte ein, bestimmen vielleicht das ganze Leben. Trennungen sind tiefe und schmerzvolle Einschnitte. Und wenn sie sich vermeiden lassen, sollten sie vermieden werden!

Aber: Manchmal müssen Trennungen sein. Denn wenn eine Beziehung zur Dauerkrise wird, gar zu einem permanenten Leiden, wenn jedwede Entwicklung des einzelnen Partners oder des Paares verhindert wird, entsteht mit Recht die Frage nach dem Sinn der Fortsetzung gemeinsamen Lebens. Und manche unglückliche Beziehungen führen in die Krankheit.

Ob Trennungen immer sein müssen, ob sie nicht weit weniger vorkommen dürften? Ob sie nicht viel zu oft »passieren« – wer will darüber eine allgemeine Auskunft geben? Jedenfalls besagen die Zahlen, dass weit mehr Scheidungen stattfinden als in früheren Zeiten. In seinem 2013 erschienenen Buch »Was Paare zusammenhält« berichtet Werner Bartens, dass es nach Angaben des Statistischen Bundesamtes in Deutschland etwa 18 Millionen Ehepaare und mehr als zweieinhalb Millionen nichteheliche Lebensgemeinschaften gibt. Jedes Jahr werden ungefähr 400.000 Ehen neu geschlossen, aber fast 200.000 Ehen wieder geschieden.[20]

Warum trennen sich so viele Paare?

Ich sehe drei markante Aspekte:

Der erste: Wir haben durch die Tiefenpsychologie dieses Jahrhunderts mehr als Menschen anderer Epochen von unseren *Wünschen* erfahren. Das war gut und überfällig. Die Folge war leider, dass wir zu stark auf unser Ich fixiert wurden und die Tatsache aus den Augen zu verlieren begannen, dass wir nicht nur Individuen, sondern auch Gemeinschaftswesen sind.

Der zweite Aspekt: In dem Maß, in dem die Verweltlichung der Welt zunahm, nahm das Gefühl der Geborgenheit im Leben ab. In dem Maße, in dem dieses Gefühl abnahm, wuchsen die Erwartungen der Partner und damit die Ansprüche

---

20 Werner Bartens, Was Paare zusammenhält. Warum man sich riechen können muss und Sex überschätzt wird, München 2013, S. 13.

an den anderen. Je höher die wechselseitigen Erwartungen stiegen, desto mehr entwickelte sich die Tendenz, sich gegenseitig zu überfordern.

Der dritte Aspekt: Wie sollte, weil alles in unserer Zeit im Umbruch ist – technologisch, politisch, sozial, ethisch –, der sensibelste Bereich des Lebens, die Ehe, das Paar, davon ausgenommen sein? Nein, Menschen dieser Zeit sind keineswegs beziehungsunfreundlicher geworden, sie haben nur weniger als in früheren Zeiten nachvollziehbare Leitlinien und fühlbare Erfahrungswerte, an denen sie sich orientieren könnten. Wer das leugnet, sollte eine Woche lang die Not, die sich in unseren Beratungspraxen zeigt, erleben.

Trennung ist ein tiefer Einschnitt

Die unfreiwillige Trennung von einem Partner, vor allem die von einem *geliebten* Menschen, ist ein tiefer Einschnitt ins Leben. Selbst dann, wenn sie schon längere Zeit befürchtet wurde, bedeutet die Realität für den, der verlassen wird, ein Widerfahrnis, dem er zunächst kaum gewachsen ist. Partir, c'est toujours un peu mourir: Abschied nehmen, das ist immer ein wenig sterben.

Der Verlassene steht vor einer gänzlich neuen, von ihm keineswegs gewollten Lebenssituation und reagiert darauf zunächst hilflos – möglicherweise mit einem Schock, mit depressiven und aggressiven Gefühlen, mit Verzweiflung. Seine *bisherige* Einstellung zum Leben ist durch die unfreiwillige Trennung überholt, sein Gefühl für den Wert von Leben vielleicht erloschen. Seine Bereitschaft, zu einer der *neuen* Situation angemessenen Einstellung zu gelangen, ist zunächst gering. Vieles, was üblich war, findet von einem auf den anderen Tag nicht mehr statt: Beim Aufwachen sucht die Hand vergeblich die andere. Der Stuhl am Frühstückstisch bleibt leer. Der Abschiedskuss bleibt aus. Der erwartete Anruf um die Mittagszeit kommt nicht. Am Abend ruft vom Flur her die vertraute Stimme nicht mehr das lang gezogene »Hallo«. Auch der Platz vor dem Fernseher bleibt leer, wenn die beliebte Sendung kommt. Und dann die Nacht. Das Bett ist viel zu weit geworden. Das gefürchtete Gespenst der Einsamkeit beginnt sein kaltes Gesicht zu zeigen.

Vor allem die Kinder. Sie sind so still geworden. Es ist schwer, mit ihnen über die Trennung zu sprechen. Manchmal rutschen dem verlassenen Partner aggressive Worte über den »Davongelaufenen« heraus, die besser ungesagt geblieben wären. Wie soll übrigens die Besuchsregelung aussehen? Die Schule ist noch gar nicht informiert …

Weiter: Von einem auf den anderen Tag muss der/die Verlassene die Aufgaben übernehmen, die der andere bislang gekonnt bewältigt hat: die bürokratischen Dinge, den einen Teil des Haushalts, das Gespräch mit den querulierenden Nachbarn, den Gang zum Elternsprechtag.

Dann das Geld. Wird es reichen? Ist die bisherige Regelung überhaupt gerecht? Wird er/sie weiterhin fair sein? Und wenn tatsächlich die Scheidung kommen sollte – ob sich langfristig eine *gute* Lösung erreichen lässt? Was wird aus der Wohnung?

Behördenbriefe kommen ins Haus. Auf Fragebögen wird nun »getrennt lebend« stehen. Das tut weh. Das beschämt. Ein getrennt Lebender ist sozial nicht mehr ganz intakt. Auch die Steuerkarte muss geändert werden. Wie wird sich die Änderung auswirken? Wer wird vom Freundeskreis bleiben? Wie werden die Nachbarn reagieren? Wer wird treu bleiben?

Da fast jeder Trennung eine mehr oder weniger deutliche Krise vorausgegangen ist, scheint es auf die Warum-Frage Antworten zu geben: Als mögliche *Ursache* sieht der Verlassene zum Beispiel den neuen Partner des anderen, unlösbar erscheinende sexuelle Probleme, die schleichende Entfremdung durch Arbeitsüberlastung, tief greifende Kommunikationsstörungen, grundverschiedene Ansichten zur Erziehung oder den Wunsch des anderen nach Selbstverwirklichung. Nur selten weiß der, der nachdenkt, auf die Frage nach dem Warum überhaupt keine Antwort.

Dagegen bleibt die Frage nach dem *»eigentlichen Grund«* der Trennung zunächst oft unbeantwortet. Das aber ist für den Betroffenen schwer auszuhalten. Denn die Frage nach dem »eigentlichen Grund« meint, warum der andere trotz der bestehenden Probleme die Krise nicht aus- und durchgehalten, warum er nicht mit ihm gemeinsam nach einer Lösung gesucht habe. Daher hinterlässt diese Frage, wenn sie unbeantwortet bleibt, ein inneres Vakuum, in das niederziehende Gefühle unterschiedlichster Art einziehen können: Schmerz und Wut, Hilflosigkeit, Rache, Minderwertigkeit, Verachtung etc. Wer ein Warum zu leben habe, sagte Nietzsche, ertrage fast jedes Wie. Wer aber keines zu leben hat, dem wird die Frage danach, wie er weiterleben könne, zu einem großen Problem.

Leitlinien für die Zeit nach der Trennung

1. Krisen gehören zum Menschen. Es gibt kein Leben ohne Krisen. Es gibt allerdings Menschen, die von ihrer Krise nichts merken und deshalb innerlich keine Fortschritte machen.
   Krisen sind Brüche im bisherigen kontinuierlichen Lebensverlauf. Sie sind beides: Gefährdung und Chance. Krisen bedrohen den Menschen *und* fordern ihn zur Veränderung seines Lebens heraus.
   Jede Krise ist das Fieber der Seele, das auf innere »Entzündungen« aufmerksam macht.
   Jede Krise ist das Leiden der Seele, die ihren Sinn nicht hinreichend fühlt und deshalb auf sinnvolles Leben drängt.
   Jede Krise ist Ausdruck von ungelebtem Leben, das darauf wartet, ausgelebt zu werden.
   In jeder Krise liegt eine verschlüsselte Sinnbotschaft.

2. Nicht *bestimmte* Enttäuschungen, Verletzungen, Verluste, nicht eine *bestimmte* Not ist primär für den Fortgang der Lebensgeschichte entscheidend, sondern die Art und Weise, wie wir uns darauf *einstellen* und damit *umgehen*. Nicht darauf kommt es primär an, *was* wir an

Schwerem erleben, sondern darauf, *wie* wir das Schwere *annehmen* und *gestalten*.
Bis zum Tod macht jeder Mensch die Erfahrung, dass er oft nicht getan hat, was ihm und seiner Situation entsprochen hätte. Doch macht er *auch* die Erfahrung, dass er vieles *anders* tun könnte, weil er viel freier ist, als er sich selbst eingestehen wollte.

3. Weil wir nicht nur Individuen, sondern auch soziale Wesen sind, brauchen wir *Zeugen* nicht nur für unser Glück, sondern auch für unsere Not. Und finden wir sie – Freunde, Freundinnen, Menschen, die uns wohlwollen –, dann finden wir (wieder) Beziehung zum Leben.

4. Wer sich sein *Scheitern* eingesteht, macht sich nichts mehr vor. Wer sich nichts mehr vormacht, gewinnt erste neue Freiräume und schont seine Kräfte. Kräfte verliert der, der den tatsächlichen Verlust des Partners leugnet. Denn nichts kostet mehr Kraft als die Verdrängung von Tatsachen.

5. Weil sich vor allem in der *frühen* Zeit der Krise die bedrängenden Gedanken und Gefühle

überstürzen, ist es wichtig, sie auszusprechen, auszuklagen, auszuweinen und, wenn es sein muss, auch auszuwüten. Denn Sprache schafft Klärung und Distanz.

6. Kein vernünftiger Mensch gießt neuen Wein in alte Schläuche. Wer sein Leben neu beginnen muss oder will, wird sich deshalb von dem verabschieden, was ihn noch immer an *alter* Trauer, *alten* Enttäuschungen und *alten* Verletzungen ausfüllt.
   Er wird aber auch nach den *guten* Zeiten der Vergangenheit fragen, weil sich durch die Vergegenwärtigung *gelungenen* Lebens die Bitterkeit der Trennung vermindert und das Gefühl aufkommen kann, die vergangene Partnerschaft sei nicht nur vergeblich gewesen.
   Die Vergangenheit prägt zwar einen Menschen – die *Hoffnung* aber, der stärkste Beweggrund im Menschen, zieht ihn in *neue* Lebenserfahrungen. Wer (wieder) hofft, sucht trotz leidvoller Vergangenheit (wieder) nach Sinn.

7. Jahre, in denen ein Mensch gelitten hat, müssen keine verlorenen sein. Verloren wären vielleicht jene, in denen er sich auf seine Probleme

und Nöte so *fixiert* hätte, dass er nicht genügend *gelebt oder* daraus nicht den Schluss gezogen hätte, Versäumtes so weit wie möglich *nachholen* zu wollen. Nachholbar sind nicht die vergangenen *Ereignisse*, wohl aber, zum Teil jedenfalls, die *unverbrauchten* Kräfte. In jedem von uns wartet viel ungelebtes Leben.

8. Wer sich über längere Zeit nur auf seine Not *fixiert* und lediglich auf das sieht, was ihn niederzieht, verkennt die *Vielfalt* der Werte, die auch in schweren Zeiten darauf warten, gelebt zu werden. Und: Wird *ein* Wert verabsolutiert, zum Beispiel die Beziehung zu *einem* Menschen, dann zieht sich das Leben beleidigt zurück.

9. Kein Mensch darf einen anderen *besitzen*. Denn jeder hat für sich selbst Sinn für sein Leben und seinen Weg durchs Leben zu finden. Wer den anderen festhält, verliert ihn ganz bestimmt.
   Kein Mensch darf einen Wert verabsolutieren. Wer etwa meint, nicht ohne diese eine Aufgabe, nicht ohne diese eine Anerkennung, nicht ohne Gesundheit, nicht ohne Haus, nicht ohne

Kinder, nicht ohne diesen *einen* Menschen leben zu können, hängt sein Herz an dieses eine und macht aus Irdischem Göttliches. Wenn ihm jedoch dieses eine, ohne das er meint, nicht leben zu können, verlorengeht, stürzt für ihn die ganze Welt zusammen. Er gerät in Verzweiflung. Leben geht so nicht, dass man sein Herz an etwas hängt, was sterblich ist wie wir selbst.

Verzweifeln kann allerdings auch der Partner eines solchen Menschen. Denn es gibt für ihn kaum Niederdrückenderes als dieses: für den anderen der Sinn seines Lebens sein zu müssen, sein »Ein und Alles«.

Kein Mensch hat das Recht, die Verantwortung für sein eigenes Leben einem anderen aufzuhalsen und sich an ihn zu hängen. Doch wenn das geschieht, wird die »Liebe« für den »Geliebten« zum kaum ertragbaren Joch.

10. Die Trennung des einen vom anderen ist in aller Regel keine Absage an den anderen Menschen, sondern an den *Partner* der Partnerschaft. Deshalb ist das häufig geäußerte Gefühl Verlassener, aufgrund der Trennung weniger wert zu sein, ein bedauerliches Missverständnis.

11. Umgang mit dem, was *unabänderlich* ist, ist das größte menschliche Problem und damit die größte Herausforderung. Sie kann gelingen, wenn das, was unabänderlich ist, nicht als Schicksal verstanden wird, das zwangsläufig zur Wertminderung des *ganzen* Daseins führt. Sie kann gelingen, wenn das Unumkehrbare als Herausforderung zur *Erweiterung* und *Vertiefung* des persönlichen Lebens begriffen wird.

12. Getrennte Partner können sich wiederfinden, wenn sie noch ausreichend »Glut unter der Asche« finden – wenn sie mit Ernst nach den Ursachen und Gründen ihres vorläufigen Scheiterns fragen – und nach *neuen* Wegen gemeinsamen Lebens suchen.

13. Neue Partnerschaften gelingen dann am ehesten, wenn die gescheiterten ausreichend »bearbeitet« worden sind. Wer eine neue Beziehung möchte und sie nicht zu erhoffen wagt, darf sich in seinen Überlegungen nicht allein auf seine eigenen negativen Erfahrungen oder die anderer berufen. Es kann sein, dass er Widerstände gegen eine neue Partnerschaft in sich trägt, die ihm gar nicht bewusst sind.

14. Der Mensch hat die Möglichkeit, sich nicht nur anzunehmen, sondern sich auch *abzulehnen* und zugleich seine ihm unbewussten selbstaggressiven Gefühle auf seinen Partner zu projizieren. Diese Tatsache ist der tiefste Grund für das Scheitern der meisten Partnerschaften. Sie ist der tiefste Grund für die Turbulenzen in der Trennungszeit. Sie ist der tiefste Grund für den Mangel an Versöhnungsbereitschaft. Sie ist auch der tiefste Grund für das Scheitern neuer Beziehungen.

15. Die Trennung birgt Hoffnungen und Chancen für ein verändertes Leben, wenn der in einer Beziehung Gescheiterte sich nicht nur seinem Verlust, sondern auch sich *selbst*, seiner *Persönlichkeit*, seiner Geschichte stellt. Denn nur so gelangt er zu neuer Sinnerfahrung. Wer in dieser Weise zu neuer Eigenverantwortlichkeit gelangt, macht die Erfahrung, dass gelebte Verantwortlichkeit immer auch gelebte Freiheit ist. Gelebte Freiheit aber ist die Erfahrung von Weite und Tiefe, von Freude und Lust, von Sinn und Erfüllung des Daseins.

16. Weil Hass Leben zerstört, das eigene ebenso wie das des anderen, ist Versöhnung mit dem

früheren Partner eine lebenswichtige Aufgabe, die nicht in weite Ferne gerückt werden sollte. Die Versöhnung kann innerseelisch, sie kann auch konkret mit dem anderen geschehen. Der Grund für die Möglichkeit, sich miteinander zu versöhnen, liegt in der Einsicht, dass die tiefsten Motive für die Trennung nicht beurteilbar sind. Alle Aussagen über einen Menschen sind letztlich nur Andeutungen und niemals verlässliche Deutungen.

17. Jedes *gestaltete* Leid ist Ausdruck der Sensibilität eines Menschen für die Vielfalt der Werte im Leben. Jedes gestaltete Leid ist Ausdruck seiner Freiheit und Liebe zum Leben. Jedes gestaltete Leid ist Ermutigung für andere. Jedes gestaltete Leid erweitert die Persönlichkeit.

18. Fast nie ist Sinnfindung ausgeschlossen. Fast immer lässt Sinn sich finden.
Denn die Werte im Leben *bleiben*, auch wenn sie dem Blick des Leidenden *vorläufig* entzogen sind. Sinn findet allerdings nur der, der ihn mit Körper, Seele und Geist sucht und der sich auch durch die Not nicht das Gefühl für die Kostbarkeit von Leben nehmen lässt.

19. Wenn aus der Krise eine Chance werden soll, verlangt dieser Wandel Arbeit.
Den Mut, andere für ihr eigenes misslungenes Leben verantwortlich zu machen, haben viele, aber viele sind nicht bereit, sich auf die eigene Brust zu klopfen. Den Versuch, über neue Erkenntnisse zu einem veränderten Leben zu kommen, machen viele, aber Veränderung gelingt nur durch die notwendende Tat. Die Sehnsucht nach neuem Glück kennen viele, aber viele sind nicht bereit, ihr eigenes Sehnen ernst zu nehmen. Und doch: Die Hoffnung auf neues Leben entwickeln viele, und es sind zweifellos *viele*, die dafür gute Gründe haben.

20. »Menschsein heißt, sich verändern zu können.« (Viktor E. Frankl)

Weil ich »es« meiner Frau nicht sagen wollte – von einer geglückten Aussprache

»Morgen werde ich mir eine eigene Wohnung suchen!«, brüllte Henry P. Sein Gesicht war vor Wut rot angelaufen. Er stand in der Halle unseres Instituts. Er hatte gerade den Raum eines Kollegen verlassen. Ich bot ihm – entgegen meiner Gewohnheit – ein Gespräch an. Er nahm das Angebot an. Vielleicht könnte er seine Frau bitten mitzukommen, fragte ich ihn. Beide kamen. Zunächst schien es, als kennten sie einander nicht. Im Verlauf des Gesprächs aber empfand ich bei beiden Sehnsucht nach einer Brücke, über die sie wieder zueinanderfinden könnten. Wir vereinbarten weitere Gespräche.

Ich schlug vor, er möge zuerst kommen. Er war in Not. Aber die Ursache war eine andere als die von mir erwartete. Immer wieder sagte er: »Ich kann es ihr doch nicht sagen. Ich kann es ihr doch nicht sagen ...« Was konnte er ihr nicht sagen?

Dass er seit Jahren zu einer Prostituierten ging. Dass er zwar seine Frau auch nach 25 Jahren immer noch liebte, doch der anderen Frau »verfallen« war. Das hatte dazu geführt, dass er seiner Frau gegenüber immer unfreier geworden war und sie immer gereizter. »Warum bist du so anders geworden?«, hatte sie ihn manchmal leise, manchmal aggressiv gefragt. Dann hatte er sich von ihr abgewandt und geschwiegen. Er hatte, meinte er, »ein rabenschwarzes Gewissen, aber ich bringe es nicht übers Herz, ihr das alles zu beichten.«

Im Gespräch mit seiner Frau beklagte sie, dass er zu wenig zu Hause sei und wenn, dann griesgrämig und überhaupt nicht zugänglich. Ob sie sich sein Verhalten erklären könne? Nein, das könne sie nicht, in keiner Weise.

Im nächsten Gespräch mit ihm fragte ich, ob er sich vorstellen könne, mit seiner Frau über den wirklichen Grund ihrer Entfremdung zu sprechen. Er versank in tiefes Schweigen. Dann hörte ich ihn leise sagen: »Das geht doch nicht. Das geht doch nicht.« – »Was geht denn?«, fragte ich ebenso leise. »Vielleicht dieses: Dass ich ihr sage, ich allein sei an unserer Entfremdung schuld. Mehr aber nicht.« Ich war über seine Kühnheit überrascht, denn selbstverständlich würde sie ihn nach dem Grund fragen. »Dann würde ich ihr sagen«, fuhr er fort, »es gebe eben Dinge, die man für sich behalten dürfe.« Ich sah ihn nur an. »Man darf vielleicht schon«, nahm ich den Faden nach einiger Zeit wieder auf, »aber ob Sie das, was Sie selbst so stark belastet, mit einer ›Generalbeichte‹ in sich abschließen können?« Henry P. schüttelte langsam den Kopf und sagte, wenn er alles auf den Tisch lege, werde seine Frau ihn auf der Stelle aus dem Haus jagen. Und das zu Recht, ergänzte er.

Im nächsten Gespräch mit ihr wollte sie wissen, was ihr Mann gesagt habe. Ich machte sie darauf aufmerksam, dass ich unter Schweigepflicht stehe und ihr daher darüber nichts sagen könne. Stattdessen hätte ich die Frage an sie, was denn ihre Ehe verkraften könne. Ich gestand mir ein, dass mir zu anderer Zeit schon bessere Fragen eingefallen waren. Zu meiner Überraschung aber antwortete Frau P.: »Mehr als Sie mir offensichtlich zutrauen. Nur eines kann ich auf den Tod nicht aushalten: Schweigen. Eben das, was sich mein Mann mir gegenüber erlaubt.«

Ich fragte sie, ob sie selbst zu der schwierigen Ehesituation beigetragen habe. »Bestimmt«, kam wie aus der Pistole geschossen ihre Antwort. »Leben Sie mal mit einem Mann, den Sie lieben und der sich Ihnen entzieht – und das in jeder Hinsicht! Sie verstehen schon!« Ich nickte. »Und dann?« – »Dann sind Sie nicht nur not amused, dann sind Sie gereizt, zickig, brüllen, verzweifelt. Also alles, nur nicht attraktiv.« Sie weinte. Dann sagte sie den Satz, von dem ich ahnte, er könnte den Beginn eines Brückenbaus zwischen den beiden sein: »Er könnte mir doch alles sagen, wirklich alles. Nur dieses verdammte Schweigen halte ich nicht mehr aus.« Am Ende unseres Gesprächs fragte ich sie, ob ich ihrem Mann von diesem Gespräch berichten dürfe. Sie nickte tapfer.

Als ich Herrn P. vom letzten Teil des Gesprächs mit seiner Frau erzählt hatte, sagte er leise: »Sie ist schon toll. Nein, sie ist großartig. Und ich darf sie nicht länger hintergehen.« Was er ihr sagen würde? »Alles!« Ich fürchtete, sein Temperament könnte ihn dazu hinreißen, ihr alle Einzelheiten aus seinem fremden Liebesleben zu offenbaren, die zwar ihn entlasten, sie aber über Gebühr belasten würden. »Alles?«, fragte ich deshalb. Er verstand mich. »Na ja, alles, was sie wirklich wissen sollte.«

Dann kamen sie beide. Henry P. hatte seiner Frau »alles Wichtige« mitgeteilt. Die Wirkungen spiegelten sich auf beiden Gesichtern wider. Er wirkte sehr verunsichert. Ihr Gesicht schien versteinert. Nach längerem Schweigen sah ich Frau P. an: »Und?«

Sie rang nach Luft. Dann vergaß sie mich und ließ ihrem Mann gegenüber alle Gefühle los, die sich in ihr nach seiner »Beichte« entwickelt hatten. Sie weinte, sie fluchte, sie beschimpfte ihn, sie beschimpfte sich, sie schlug mit der Faust auf den Tisch, sie verkroch sich in sich selbst. Dem folgte ein langes Weinen. Irgendwann hob sie den Kopf, sah ihren Mann mit halb geschlossenen Augen von der Seite an und flüsterte: »Leider Gottes liebe ich dich noch immer, du Halunke.« Nach einer scheinbar endlosen Zeit stand er langsam auf, ging noch langsamer auf sie zu, beugte sich über sie, umarmte sie ganz behutsam. Sie schmiegten die Köpfe aneinander – und weinten lange ein erlösendes Weinen.

Nachgedanken

Wenn ich das Wort Versöhnung ausspreche, empfinde ich Ruhe, Wärme, Frieden, Gelassenheit. Körper, Seele und Geist entspannen sich. Leben ist stimmig. Sage ich dagegen das Wort Hass, empfinde ich Angespanntsein, Kälte, Frustration. Dann verspanne ich mich. Leben ist gestört.

Versöhnung geschieht durch Verzeihen. Verzeihen und Versöhnen sind Existenziale, sind nicht einfach gesellschaftlich bedingte Phänomene, sondern spezifisch menschliche Eigenschaften und Werte, die zur menschlichen Ausstattung gehören. Sie sind *reale Möglichkeiten*, die wir realisieren oder auch ablehnen können. Was oft vergessen wird: Ein Verzeihen, das in Versöhnung mündet, ist in der Regel nur möglich, wenn die Verletzung, die den Unfrieden heraufbeschworen hat, deutlich wird, also die Kontrahenten noch einmal ganz bewusst das ansehen, was zum Groll, zur Wut oder zum Hass geführt hat.

Liebe und Hass sind unteilbare Gefühlskräfte

Wir leben im Spannungsfeld zwischen *Liebe und Hass*. Das war schon immer so. Es gehörte stets zu den größten Rätseln des Menschen, dass »*zwei* Seelen, ach, in unserer Brust wohnen« (nach Goethe). Die eine will Frieden, die andere Störung, wenn nicht Zerstörung. Davon sprechen die Märchen, die bekanntlich Erfahrungen unserer Seele widerspiegeln. Davon sprechen die Träume und Imaginationen. Davon sprach kein Geringerer als der alternde Sigmund Freud, der in seinem vorletzten Buch »Das Unbehagen in der Kultur« von den beiden Giganten des Lebens sprach, der Libido und dem *Todestrieb*,[21] davon spricht vor allem das reale Leben.

Was da einerseits in der Welt draußen geschieht und ebenso in der Welt da drinnen, ist oft genug frei von jeder Vernunft, grenzt oft an Wahnsinn, ist manchmal Wahnsinn. Andererseits: Was geschieht an gelebter Liebes- und Friedensfähigkeit, ist nicht weniger erstaunlich.

Nun sollte man sich bewusst machen, dass Liebe und Hass *unteilbare* Gefühlskräfte sind. Was heißt das? Wenn ich auf Dauer gegen einen Menschen Groll hege, gegen ihn wüte oder ihn hasse, fühlt nicht nur der andere meine Aggression, sondern ich selbst auch. Wenn auf Dauer Groll, Wut, Hass, also Ablehnung und Aggressivität meine Seele besetzen, gefangen halten, ausfüllen, dann schädige ich nicht nur den anderen, dann verspannt sich auch meine eigene Seele. Dann wird sie grau. Dann kreist sie nur noch um das »Objekt« ihrer Ablehnung. Dann verliert sie die Freude am Leben. Dann kommt ihr die Zuversicht abhanden. Dann vermindert sich das Sinngefühl. Dann leidet auch das Immunsystem. Dann wird sie immer mehr vergiftet. Dann leidet

21 Sigmund Freud, Abriss der Psychoanalyse. Das Unbehagen in der Kultur, Frankfurt a. M. 1972, S. 119 ff.

der ganze Organismus. Dann kann es zu psychosomatischen Störungen kommen. Dann verliert die Seele ihren Mantel. Dann leidet der ganze Mensch.

Wie kann ich mich versöhnen?

Wenn ich mich dagegen mit einem Menschen versöhne, ihm wieder gut bin, ihn wieder achte und respektiere, dann bin ich mir selbst wieder gut. Dann erfahre ich wieder Selbstachtung. Dann spüre ich, wie sich auch in mir selbst wieder Freundlichkeit ausbreitet. Dann fällt es mir leicht, mich und das Leben wieder gut zu finden. Wie ist Versöhnung mit einem anderen Menschen möglich? Zum Beispiel dadurch,

- dass ich mich zunächst mit meiner eigenen Lebensgeschichte aussöhne: mit den Eltern, mit den Geschwistern, mit eigenen schwierigen Erbanlagen, mit den Schicksalsschlägen, die ich nicht oder doch zu verantworten habe, mit den zahlreichen Ungerechtigkeiten, die ich erleiden musste, mit meinen eigenen, falschen Entscheidungen, die auf Jahre hin mein Leben eintrübten oder blockierten.

- dass ich mich gründlich frage, was ich selbst zum Konflikt oder Unversöhntsein beigetragen habe.
- dass ich mir viel Zeit für die Frage nehme, was der *wahre* Grund für mein Unversöhntsein sei.
- Diesen Satz Jörg Zinks begreifen: »Niemand hat sich sein Schicksal ausgesucht, sein Wesen, seine Schwächen, seine Neurose oder seinen brüchigen Charakter und all seine Gespaltenheit. Niemand hat sich die Grenzen seiner Kraft selbst verordnet. Wir erleiden alle ein Leben, das uns ein anderer bereitet hat, und es hat keinen Sinn, dass wir uns selbst oder einander die Schuld daran aufbürden.«[22]
- Diesen Satz Nelson Mandelas begreifen: »Wer hasst, wird niemals frei.« Wovon nicht? Von dem, den er hasst. Denn *er* bestimmt weiter die eigenen Gedanken, Gefühle und Handlungen.
- Sich die Frage kommen lassen: *Was wäre, wenn ich mit ihm/ihr versöhnt wäre?* Diese Frage ist die Vorwegnahme einer realen Möglichkeit. Sie hat magnetischen Charakter. Sie zieht den so Fragenden aus seiner Unfreiheit

[22] Jörg Zink, Atem der Freiheit. Vom Leben im Offenen, Stuttgart/Zürich o. J., S. 59.

heraus. Welche Antworten kämen möglicherweise dabei heraus?

- Ich würde mich nicht mehr permanent mit ihm beschäftigen müssen.
- Sie würde mich nicht mehr in meinen Träumen quälen.
- Ich könnte ihn/sie wieder treffen.
- Ich wäre viel entspannter.
- Ich würde wieder mehr lachen.
- Der Druck in der Brust wäre weg.
- Irgendwie wäre ich freier und »größer« geworden.
- Das ganze Leben wäre heller.

*

Manchmal sitze ich in meinem Sprechzimmer und denke an Nelson Mandelas Wort, das Problem der Menschen sei nicht ihre Unzulänglichkeit, sondern dass sie nicht an ihre Größe glaubten. Wie groß kann denn ein Mensch werden? Besteht seine Größe nicht doch nur darin, dass er sich mit dem zufrieden gibt, was er ist und was er hat? Ach, ich möchte weiter Mandelas Vision nachhängen, weil ich immer mehr davon überzeugt bin, dass in der geistigen Tiefe des Menschen viel »wartendes Leben« (Viktor von Weizsäcker) liegt. Das gilt auch für den Mann, von dem ich Ihnen jetzt erzählen möchte.

*

Weil ich niemanden zu mir einladen konnte – ein Messie

Ich lernte ihn zu einer Zeit kennen, als ich weder den Begriff Messie kannte noch wusste, welches Leiden mit ihm verbunden war. Als ich ihn zum ersten Mal sah, fiel mir sein schwerer, ungelenker Gang auf. Ich hätte mir für einen Mann seines Berufsstandes auch eine andere Kleidung vorgestellt. Auf seinem Jackett zeigten sich ein paar unpassende Flecken. Auf meine Frage, was ich für ihn tun könne, sah Philipp B. mich fast verstört an. Dann begann er ohne Überleitung von seiner Vergangenheit zu sprechen: von seiner oft desorientierten Mutter, von seinem in sich gekehrten Vater, von seinem erfolgreichen Bruder. Er ließ sich Zeit, von jedem ausführlich zu erzählen. Es schien mir ratsam, meine Frage nicht zu wiederholen. Offenbar brauchte er Zeit, von seinem wirklichen Problem berichten zu können.

Nein, er sei nicht glücklich. Im Beruf habe er zwar durchaus einen gewissen Erfolg. Er habe auch den Eindruck, dass Menschen seiner Umgebung ihn gern hätten. »Und die Frauen?«, fragte ich etwas hastig. »Die finden nur dann und wann statt«, antwortete er und versuchte mich durch seinen Satz zu erheitern. »Darf ich fragen, ob sich Ihr Lebensgefühl verändert, wenn ›Frauen stattfinden‹?«, nahm ich seinen Faden auf. »Ach, wissen Sie, das ist alles sehr kompliziert.« Er sah, dass mich sein letzter Satz neugierig gemacht hatte. Und so begann er davon zu erzählen, weshalb er mich aufgesucht hatte:

Er sehnte sich schon lange nach einer Partnerin. Es war nicht so, dass er keine gefunden hätte. Im Gegenteil: Trotz seines nicht gerade vorteilhaften Aussehens konnte er von mehreren Begegnungen mit Frauen berichten. Die Vorfreude war jedes Mal groß gewesen. Er hatte als Treffpunkt immer attraktive Orte ausgesucht. Doch wenn er der einen oder der anderen Frau nähergekommen und die Sprache auf sein Zuhause gefallen war, meldete er sich nach dem Treffen nicht mehr. Er war weg. Er meldete sich auch später nicht mehr bei der jeweiligen Partnerin.

Philipp sah mich an und betrachtete mich aufmerksam. Da ich mich nicht sehr überrascht zeigte, fuhr er fort: »Sie werden sich fragen, was das für ein seltsames Verhalten sei. Nein, ich hatte keine Angst vor den Frauen selbst. Doch keiner von ihnen hätte ich« – Philipp stockte, und nun wurde es ihm schwer weiterzuerzählen. Ich reichte ihm eine Tasse Tee, sah ihn aufmunternd an. Dann brachte er »es« heraus: »Ich konnte sie nicht in meine Wohnung einladen, weil sie ... weil da vieles unaufgeräumt ist. Ich meine, man kommt kaum in den Flur hinein. Nur an zwei Stellen hat man Zugang: zum Schreibtisch und zum Bett. Alles andere, die Möbel, Schränke sind übersät mit Zeitungen, Zeitschriften, Büchern, Kisten, Wäscheleinen etc.« Er war den Tränen nahe. »Und das bei meinem Beruf! Wenn das meine Kollegen sähen!« Seit wann dieser Zustand bestehe? »Schon lange«, sagte er müde. »Ich weiß es nicht genau.« Ob er sich nicht von jemandem helfen lassen könne? »Von wem denn?«, fragte er zurück. »Verstehen Sie? Ich würde mich in Grund und Boden schämen, wenn ich jemanden in meine Bude ließe.« All meine karitativen Strategien, zum Beispiel seine Freunde einzuweihen und sie um konkrete Hilfe zu bitten, lehnte er kategorisch ab. »Darf ich Sie noch einmal fragen«, versuchte ich es ein letztes Mal, »war unter den Frauen, die Sie kennenlernten, nicht eine, der Sie sich hätten anvertrauen können?« – »Nein!«, brüllte er mich mit hochrotem Kopf an. Ich sah ihn betroffen an. Wir schwiegen lange. Dann wagte ich mich wieder hervor: Ob er die Ursache für seine Unordnung in der Wohnung kenne? Nein. Er glaube aber, dass die äußere Unordnung mit seiner inneren korrespondiere. Deshalb beschlossen wir, daran weiterzuarbeiten. Nach einiger Zeit beendeten wir freundlich unsere Gespräche. Ich glaube, dass ich ihm nicht helfen konnte. Ein solches Problem war mir bis dahin noch nicht begegnet. Vom Messie-Syndrom erfuhr ich erst später.

Nachgedanken

Messies neigen dazu, Dinge zu sammeln, die andere Menschen wertlos nennen und wegwerfen. Ihnen selbst fällt es äußerst schwer, den Wert der Dinge realistisch einzuschätzen. Sie wissen daher nicht, was brauchbar ist und was nicht. Zwar erkennen sie, dass ihr Horten irrational ist, sind aber trotzdem nicht fähig, aufs Sammeln zu verzichten. Das kann dazu führen, dass die Wohnung kaum noch begehbar ist und daraus ernsthafte soziale Probleme entstehen.

Zum Messie-Problem gehören darüber hinaus ständige Schwierigkeiten mit der Zeiteinteilung, gestaute Handlungsfähigkeit, wenn Wichtiges ansteht, Aufschieben »normaler« Verpflichtungen, Reduzierung gesellschaftlicher Annehmlichkeiten.

Das Messie-Problem hat unterschiedlichste Ursachen, die hier nur angedeutet werden können:

- Es kann verschiedenartige medizinische Gründe haben.
- Bindungen an liebevolle Menschen, deren Geschenke der Messie meint behalten zu müssen.
- Ein Trauma, also eine tief gehende seelische Verletzung, die nicht bearbeitet wurde.
- Auch extremer Geiz kann dazu führen, dass der Betroffene alles aufheben muss. Es könnte sein, dass dies oder das irgendwann einmal wieder zu gebrauchen sein könnte.[23]

Denke ich an meinen früheren Klienten zurück, spüre ich noch heute den massiven Druck, den das Chaos in seiner Wohnung in ihm ausgelöst haben muss. Und das tiefe Schamgefühl, das er immer dann empfand, wenn er angesichts der Ankündigung eines Besuchs in Erklärungsnot geriet. Inzwischen gibt es ausreichend viele »Experten«, die

---

23 Siehe dazu Wikipedia: Messie-Syndrom, 24. April 2015.

sich der Problematik gewachsen fühlen. Ich deute die Hilfen nur an:

Therapie aus heutiger Sicht

1. Würde ich heute mit ihm arbeiten, ginge es mir zuerst darum, durch Träume und Wertimaginationen herauszufinden, welche Ursachen seinem äußeren Chaos zugrunde liegen. Denn das Unbewusste ist zweifellos jener »Ort«, an dem die Antworten liegen, die dem Verstand verschlossen bleiben. Dieser »Ort« muss immer dann aufgesucht werden, wenn sich Gedanken, Gefühle oder Verhaltensweisen zeigen, die »unvernünftig« erscheinen.
2. Danach würden wir herauszufinden versuchen – wieder durch Träume und Wertimaginationen –, wonach er sich am meisten sehnt: Nach innerer Ordnung? Freiheit? Liebesfähigkeit? Furchtlosigkeit?
3. Je klarer und attraktiver solche oder ähnliche Werte werden, je mehr sich ein Mensch in sie eindenkt, einfühlt, einlebt, desto mehr ziehen sie ihn an und warten auf Realisierung. Hilfen dazu gibt es.

*

Zum nächsten Abschnitt: Angst ist das lebensbestimmende Gefühl unserer Zeit: Angst vor den Tiefen oder Untiefen der eigenen Seele, Angst vor Mitmenschen, Angst vor der Welt weltweit. Die Angst ist groß, weil der Mangel an Sinn groß ist. Der Mangel an Sinn ist groß, weil der Halt im Leben gering ist. Der Halt im Leben ist gering, weil die Suche nach Sinn schwierig geworden ist. Die Suche nach Sinn ist schwierig geworden, weil das Leben selbst unübersichtlich geworden ist und daher die Wege zum Sinn verdeckt erscheinen. Und weil die Wege zum Sinn verdeckt erscheinen, ist die Angst unter uns groß.
Angst kann sprachlos machen, Sprachlosigkeit aber verhindert Kommunikation. Und Mangel an Kommunikation verhindert die Entwicklung freier, guter, bekömmlicher Beziehungen.

*

Angst – immer wieder Angst

Er konnte nicht schlafen. Er stand auf, ging in die Küche. Zündete sich eine Zigarette an. Bemerkte, dass seine Hand leicht zitterte. Einen Augenblick lang wurde ihm schwindlig. »Wie lange geht das nun schon?«, hörte er sich sagen. »Drei ganze Jahre. Hast die Zeit tapfer ausgehalten. Kriegst dafür 'nen Orden. Braver Junge.«

Er hörte, wie die Tür leise geöffnet wurde. »Ist drei Uhr«, sagte sie leise. Sie sah verschlafen aus. Ihr langes, dunkles Haar hing ungeordnet über ihrer Schulter. »Willst du's ihm nicht endlich sagen?«, fragte seine Frau. »Der wird mich achtkantig hinauswerfen, wenn er mich nur in der Tür sieht.« Sie schaute nicht auf. Ihre Finger spielten mit einer Haarsträhne. »Aber so kann es doch nicht weitergehen!«, entgegnete sie. Sie hatte die Stimme etwas erhoben. Er schwieg. Dann: »Ich bin eben ein Versager. Hat ja schon mein Vater gesagt.« Da schlug sie mit der Faust auf den Tisch, sodass er zusammenzuckte: »Hör endlich auf mit deinem selbstmitleidigen Gejammer! Ich halte deine Opferrolle nicht mehr aus!« Er schwieg wieder. Dann wagte er zu sagen: »Siehst du, auch du hältst von mir nichts. Weiß ich übrigens schon seit geraumer Zeit.« Sie stand auf, stemmte ihre Hände fest auf seine Brust und zischte ihn an: »Ein letztes Mal: Weißt du, wie du dich benimmst? Du benimmst dich wie ein kleiner Junge. Ja, wie ein kleiner Junge«, wiederholte sie und ließ hilflos die Arme wieder sinken.

Von dieser nächtlichen Auseinandersetzung berichtete mir Hans G. in unserer ersten Sitzung in aller Ausführlichkeit. Er hatte sich, ohne seine Frau einzuweihen, an mich gewandt. Ob es nicht besser sei, ihr von seinen Besuchen bei mir zu berichten, gab ich zu bedenken. Einen Augenblick lang zögerte er. Dann nickte er zustimmend. Und schon erzählte er weiter:

»Ich bin seit vier Jahren Angestellter in einer florierenden Firma mit etwa 30 Mitarbeitern. Meine Kollegen finde ich gut. Allerdings ärgert es mich, dass sie mich ›Hänschen‹ nennen. Mein Vorname aber ist Hans!« Dabei richtete er sich auf und ballte seine rechte Hand zur Faust. »Haben Sie Ihren Kollegen gesagt, dass Sie so nicht gerufen werden wollen?«, fragte ich. Er ließ den Kopf sinken. »Nein, hab' ich nicht.« Ich fragte nicht nach der Ursache, sondern ließ ihn erleben, was gerade in ihm vorging. Später hielt ich ihm hin: »Sind Sie sicher, dass Sie so wenig Kraft haben« – ich vermied das Wort Schwäche –, »wie es im Augenblick *scheint*?« Er gab sich einen Ruck, sah mich verwundert an und entgegnete: »Das gefällt mir, was Sie da sagen …« Und was war mit dem Chef?

Der war ein richtiger Boss: geradeheraus, unverstellt, selbstbewusst, durchsetzungsstark, konfrontationsfreudig, keine Konflikte und Auseinandersetzungen scheuend. Aber auch weitherzig. Und gerade dieser Chef war, schien es, sein Problem! Er hatte Angst vor ihm. Warum? Auf dem Betriebsausflug vor drei Jahren hatte der Chef ihn an der Schulter gepackt und mit seiner lauten, durchdringenden Stimme gesagt: »Warum um alles in der Welt sind Sie so …« – er suchte nach einem treffenden Wort – »… ein Angsthase? Wahrscheinlich stehen Sie auch vor Ihrer Frau stramm!« Dann hatte der Chef ihn freundschaftlich mit dem linken Arm geschubst und sich einem anderen Kollegen zugewandt.

Der Satz hatte Hans tief getroffen, verletzt, verwirrt, »fertig gemacht«. Er hatte den Boss mit weit aufgerissenen Augen angesehen und gemurmelt: »Verzeihen Sie!« Und sofort hatte er sich wegen dieses »Verzeihen Sie« geschämt. Mehr aber noch wegen des »Angsthasen«. Seitdem verfolgte ihn der Satz Tag und Nacht. Die einzige Zeit, in der er wirklich durchatmen konnte und auch seine Frau im Blick hatte, waren Urlaub und Feste.

In der zweiten Sitzung erzählte mir Hans – wieder sehr ausführlich –, dass er seiner Frau von seiner Entscheidung, zu mir zu kommen, berichtet hatte und von der Sitzung selbst:

»Sie jubelte auf«, begann er seinen Bericht: »›Siehst du! Sage ich doch! Doch wenn so ein Therapeut dir sagt, dass in dir mehr steckt, als du meinst, dann glaubst du dem …‹ Plötzlich umarmte sie mich und flüsterte mir zu, als ob es niemand hören dürfte: ›Was wäre, wenn du mit dieser Kraft deinen Chef aufsuchen und ihm sagen würdest: Ich kann einfach nicht vergessen, was Sie mir auf unserem Betriebsausflug gesagt haben. Sie haben mich damals sehr verletzt. Wahrscheinlich wird der sich kaum daran erinnern. Dann kannst du ihm ja auf die Sprünge helfen.‹ Ich empfand diese Sätze meiner Frau wenig einfühlsam. Im ersten Augenblick erschien mir diese ›Zumutung‹ wie die Aufforderung, ein Löwengehege zu betreten. Dann schien sie meine Gedanken zu erraten und sagte: ›Ich meine ja nur, dass du dadurch endlich von deiner Verletzung und deinem Hass gegen den Chef befreit werden könntest. Du wirst mir sonst noch krank‹, fügte sie sanft hinzu.«

Seine Frau, die noch immer nur mäßig davon begeistert war, dass ihr Mann einen Psychotherapeuten aufsuchte, erwartete dennoch gespannt den Bericht über unsere zweite Sitzung. Was er ihr berichtet hatte, gab er mir mit wieder größter Akribie wieder:

»›Weißt du‹, begann er seinen zweiten Bericht zu Hause, ›was mir heute so richtig aufgegangen ist? Ich glaube, das Problem liegt weniger am Chef, mehr bei mir selbst. Kann das sein?‹ Meine Frau ließ sich – das ging mir aber erst später auf – ihre Freude nicht anmerken, sondern antwortete nur: ›Das kann sein.‹ Dann nahm ich all meinen Mut zusammen und sagte: ›Und wenn ich zum Chef ginge und ihm sagte, was du mir geraten hast?‹ – ›Dann wäre ich sehr stolz auf dich‹, hörte ich sie sagen. Und wenn ich mich nicht getäuscht habe, zuckte es ein wenig um ihren Mund. Jedenfalls beschloss ich, gleich am nächsten Tag zum Chef zu gehen.«

Von diesem Besuch in der Chefetage berichtete mir Hans in unserem dritten Gespräch:

»Mein Atem ging schnell, als ich das Zimmer des Chefs betrat. ›Na, mein Lieber, was führt Sie denn zu mir?‹, fragte er jovial. Ich kann nicht sagen, dass ich mein Anliegen locker und leicht hervorgebracht hätte, das nicht. Aber ich beendete meine ›Rede‹ damit, dass ich ihm deutlich sagte, er, der Chef, habe mich damals sehr verletzt. Der schwieg einen Augenblick, sagte dann: ›Um Himmels willen, warum haben Sie mir das nicht gleich gesagt?‹ Ich antwortete ehrlich, wenn auch nicht frei von einem gewissen Schamgefühl: ›Weil ich es Ihnen nicht sagen konnte. Ich hatte vor Ihnen, obwohl ich mich dessen heute schäme, viel zu viel Angst.‹ Der Boss kam hinter seinem Schreibtisch hervor, stellte sich vor mich, hieb mir freundlich mit seiner großen Pranke auf die Schulter und sagte: ›Das will ich von Ihnen nie mehr erleben, dass Sie mir nicht sagen, wenn ich mich Ihnen gegenüber danebenbenommen habe.‹«

Wie schön, wenn alle Therapien so rasch, leicht und erfreulich verliefen!

Nachgedanken

Soziale Ängste sind in Unternehmen weit verbreitet. Sie vermindern die Lebensqualität, sie gefährden insbesondere das Klima in Ehen und Familien. Sie sind wie eine Geißel. Aber schicksalhaft notwendig sind sie nicht.

Ich habe viele Jahre zu unserem Thema Gesprächsszenen gesammelt, von denen ich Ihnen, liebe Leserinnen und Leser, einige weitergeben möchte. Ich verstehe sie als Gedankenanstöße. Sollte Ihnen das Nachdenken darüber zu mühsam sein, überschlagen Sie die Seiten. (Das »du« nehmen Sie bitte nicht als despektierlichen Ausdruck Ihnen gegenüber, es soll das Gespräch nur verdichten.) Also:

- Weshalb gibst du anderen so viel Raum in dir? Hast du noch immer nicht die Angst vor Vater, Mutter, Lehrern, Autoritäten der früheren Jahre überwunden?
  Wagst du es noch immer nicht, dir dein eigenes Urteil über dich selbst zu bilden?
  Die Stimmen der »Großen« von damals hindern dich noch heute daran?

- Warum weichst du vor anderen aus?
  Weil sie dir deinen Ruf, deine Würde, deine Existenzgrundlage, dein Leben nehmen könnten? Können sie das?

- Mit jedem Ausweichen vor dem Leben verstärkt sich deine Angst.
  Mit jedem Nicht-Ausweichen vermindert sich deine Angst.
  Je weniger du ausweichst, desto mehr gewinnst du Freiheit.

- Weshalb stehst du nicht zu dir?
  Kann es sein, dass das scheinbar so harmlose Gift, das Selbstmitleid, dich daran hindert? Du weißt nicht, dass dich dieses Gefühl dazu verführt, nur auf das zu sehen, was du *nicht* bist und *nicht* hast und *nicht* kannst?

- Kann es sein, dass du dir wegen deiner Angst viele Wünsche nicht erfüllt hast?
  Sollte das so sein, dann hast du noch nicht verstanden, dass du für dein eigenes Leben *selbst* verantwortlich bist.

- Du hast Menschen gegenüber keine Aggressionen?
  Du magst die Menschen, vor denen du Angst hast?
  Warum nur ist dann deine Kritik an ihnen so hart?

- Du lehnst Menschen ab?
  Wie kannst du dann erwarten, dass sie dich annehmen?

- Du verlierst deinen Wert, wenn andere dich kritisieren?
  Du fühlst einen Zuwachs an Wert, wenn sie dich loben?
  Du beziehst das Gefühl, wert oder unwert zu sein, von anderen?
  Auf dein eigenes Urteil über dich legst du keinen Wert?

- Kein Mensch ist wie du. Keiner hat dein Geschick und deine Geschichte.
  Keiner ist da, mit dem du dich vergleichen müsstest.
  Ahnst du, welche Freiheit dir zuwächst, wenn du diesen Zusammenhang begreifst?

- Es gibt wenig Hilfreicheres als dieses, die Angst vor Menschen zu überwinden:
danach zu fragen, was wichtiger ist als deine Angst und auch dieses: Angst auslösende Situationen aufzusuchen!

- Viele Ängste werden nicht in der Gegenwart geboren, sondern in der Vergangenheit. Deshalb würde ich an deiner Stelle einem dir vertrauten Menschen deine ganze Lebensgeschichte im Zusammenhang erzählen. Vielleicht würde dir auf diese Weise die Quelle der Angst deutlich werden – und vielleicht auch die Lösungen.

Oft ist die Angst eine Gauklerin. Dann sehen wir Bilder, deren Maler nicht die Realität ist, sondern unsere eigene Angst. Wenn die Angst die Bilder malt, verengt sich unser Blick (Angst = Enge). Dann übertragen wir unsere angstvollen Vorstellungen auf das, was in der Realität ganz anders ist und anders aussieht. Dann sehen wir weniger auf die Bilder selbst, wir »sehen« mehr auf unsere Angst. Was sich dagegen tun lässt? Hinsehen, hinsehen, hinsehen!

Die meisten Dinge, vor denen wir uns fürchten, treten so nicht ein, wie wir sie befürchtet haben. Das ist bekannt. Nicht bekannt ist, warum wir daraus so selten eine Schlussfolgerung ziehen.

Die meisten Dinge, auf die wir uns freuen, treten nicht so ein, wie wir sie uns vorgestellt haben. Auch das ist bekannt. Wissen wir aber auch, dass die erfreulichen Vorstellungen sich deshalb nicht häufig genug verwirklichen, weil wir sie oft mit unseren Befürchtungen mischen?

Weil ich das schönste Wort nicht sagen kann

Im Psychotherapie-Forum des Internets fand ich unter der Rubrik *Weil ich's dir nicht sagen konnte* einen Brief, in dem eine offenbar junge Frau um Rat bat. Zahllose andere Menschen hätten diesen Brief so oder ähnlich schreiben können:

»Ich liebe meinen Freund wirklich sehr, nur kann ich es ihm nicht sagen ... Seit zwei Jahren kennen wir uns und seit eineinhalb Jahren will ich es ihm sagen, doch jedes Mal, wenn ich es vorhabe, bin ich blockiert, sind meine Lippen versiegelt, und ich bringe kein Wort heraus ...

Er hat es mir auch noch nicht gesagt ... Er tut sich sehr schwer, über Gefühle zu reden ... da bin ich eigentlich nicht so, und ich will es ihm ja gerne sagen, vielleicht fällt es ihm dann ja auch leichter ... aber ich schaffe es ja auch nicht ...

Auch wenn ich weiß, dass wir beide uns lieben, wir zeigen es uns ja ... und es ist ja wichtiger, es zu zeigen als es bloß zu sagen und es dann nicht so zu meinen …

Anscheinend bedeuten diese Worte für uns so viel, dass wir sie beide nicht sagen können …

Geht es noch jemandem so? Kann mir jemand helfen? Habt ihr eine Ahnung, wieso ich plötzlich so paralysiert bin?

Ich möchte es ihm endlich sagen können. Dann wäre endlich eine große Spannung weg …«

Nachgedanken

Es ist ein Problem unserer Zeit, dass viele Menschen das, was sie fühlen, nur schwer zum Ausdruck bringen können. Daher sind viele ungesagte Liebesworte nicht Ausdruck des Mangels an Liebe, sondern der Hilflosigkeit. Das ist besonders in Partnerschaften ein Problem. Nicht wenige Partner haben, obwohl sie sich lieben, mit dem schönsten Wort der Welt, »Ich liebe dich«, ihre »liebe« Not – sowohl jene, die darauf warten, als auch jene, von denen dieses Wort erwartet wird.

Wahrscheinlich jedoch sind die Herzen der meisten Menschen nie wärmer als dann, wenn der eine zum anderen sagt: »Ich liebe dich.« Wahrscheinlich sind ihre Gesichter nie schöner als dann, wenn der eine dieses Wort sagt und der andere es annimmt. Wahrscheinlich fließt für sie aus keinem Wort mehr Hoffnung, Kraft und Leben als aus diesem. Selbstverständlich ist nicht das »Bekenntnis« der Liebe für eine Partnerschaft entscheidend, vielmehr das, was beide einander von ihrer Liebe konkret *zeigen*. Und doch: Das konkrete Handeln *und* der Ausdruck dieses kostbarsten aller Gefühle machen die Partnerschaft erst rund.

Warum nur fällt vielen Menschen der Ausdruck ihrer Liebe so schwer? Es kann sein, dass einer meint, er verpflichte sich zu einer festen Bindung, wenn er sagen würde: »Ich liebe dich.« Ein zweiter möchte den Satz nicht sagen, weil er sich seiner Gefühle nicht ganz sicher ist. Ein dritter hat möglicherweise Angst, der andere könnte die Liebe nicht wie gewünscht erwidern. Ein vierter braucht Distanz, weil er sich durch starke Gefühlsäußerungen überfordert fühlt. Wieder ein anderer will »nicht in Verdacht geraten«, als »Schwärmer« zu gelten. Was immer die Gründe für den Widerstand gegen das Wort »Ich liebe dich« sein mögen, er oder sie tut gut daran, sich zunächst zu fragen, was ihn oder sie davon abhält, das Wort zu sagen.

Und dann?

Es gibt Brücken zwischen Mensch und Mensch und im Besonderen zwischen Liebenden. Zwei Beispiele: Da sind die Augen des anderen. Sie spiegeln wider, was in ihm oder ihr vorgeht: Scheu, Unsicherheit, Angst oder der Wunsch, vielleicht auch die Sehnsucht nach dem Wort »Ich liebe dich«? Jedenfalls ist das so: Je länger zwei Menschen einander in die Augen sehen, desto näher kommen sie sich, desto vertrauter werden sie miteinander, desto leichter finden sie für den anderen das schönste Wort der Welt.

Auch die Hände können eine Brücke zwischen Liebenden sein, vor allem dann, wenn sie sich dabei in die Augen sehen. Hände können halten, berühren, drücken, zupacken, streicheln. Und jede Form des Händereichens drückt ein Gefühl aus. Einander die Hände zu reichen, ist seit Urzeiten ein Symbol des Friedens, vielleicht auch der Liebe.

Und das Wort? Was wäre, wenn Sie, liebe Internetschreiberin, mit Ihrem Freund so oder ähnlich sprechen würden:

Sie: »Ich weiß etwas, was du nicht weißt.«
Er: »Und was ist das?«
Sie: »Rate mal!«
Er: »Wie soll ich das wissen?«
Sie: »Willst du es denn wissen?«

Er: »Natürlich.«

Sie: »Es ist für mich zurzeit das Wichtigste auf der Welt. Und es macht mich auch traurig, dass ich ›das‹ nicht kann.«

Er: »Jetzt machst du mich aber richtig neugierig.«

Sie: *»Ich vermute, dass du das, was ich meine, auch nicht gut kannst.«*

Er schweigt. Sieht sie liebevoll an: »Du meinst?«

Sie: »Genau!«

Er: »Sag du's!«

Sie: »Ich liebe dich!«

Er: »Cool! Ich dich auch.«

Nachwort

Weil ich es dir nicht sagen konnte – das Thema ist facettenreicher, als ich es in diesem Buch darstellen konnte. Es geht über den schmalen Bereich von Mensch zu Mensch weit hinaus. Ich denke zum Beispiel an »Geheimnisse« in Politik und Wirtschaft, an Forschungsbereiche wie etwa Medizin oder Pharmazie. Wir begegnen ihm überall da, wo es um Wichtiges geht, das einen gewissen Geheimnischarakter haben kann, aber nicht muss.

Vieles, was nicht gesagt wurde, führte zu Schwierigkeiten oder Katastrophen. Denken Sie etwa an Generäle, die Adolf Hitler umgaben und aus Angst vor dem Diktator wider besseres Wissen schwiegen, auch dann noch, als sich das heraufkommende Unheil in erschreckender Deutlichkeit abzeichnete.

Vieles, was gesagt wurde, führte zu Befreiungen, persönlich und überpersönlich. Denken Sie zum Beispiel an das berühmte Wort Martin Luthers auf dem Reichstag in Worms (1521), das er vor dem Kaiser sprach, der ihm alles andere als wohl wollte: »Hier stehe ich. Ich kann nicht anders. Gott helfe mir. Amen.« (Es ging um die Zurücknahme seiner kirchlichen Reformideen.) Sein Bekenntnis hätte Luther das Leben kosten können. Dass er zu seiner Wahrheit stand, hat Europa verändert, und nicht nur zum Schlechten.

Zweifellos gab und gibt es Geheimnisse, die – aus guten Gründen – ein Mensch, eine Gruppe, eine Regierung für sich behalten darf, kann oder muss. Zweifellos aber behalten viele, allzu viele, das, was die Seele beschwert, nur für sich.

Mir ging es in diesem Buch um die Ermutigung, *mehr als bisher* das, was die Seele belastet, *auszusprechen*, und das kann – wenngleich nicht immer auf der Stelle – äußerst befreiend sein. Ich denke auch keineswegs nur an »Geheimnisse«, sondern an all das Ungesagte, Schwierige und Beglückende, an das, was Beziehungen unter Menschen stören oder fördern kann.

Darüber hinaus sehe ich in der *Wahrhaftigkeit* einen zentralen humanen Wert, der in unserer Zeit in der Rangordnung der Werte an einer peinlich tiefen Stelle rangiert. Wer vor dieser bedrückenden Tatsache nicht die Augen verschließt und daraus für sich Entscheidungen trifft, wird seiner Identität, seiner Sinnfindung und seinem Ja zum Leben ein erhebliches Stück näherkommen.

Literatur

Bartens, Werner: Was Paare zusammenhält. Warum man sich riechen können muss und Sex überschätzt wird, München 2013

Bode, Sabine: Die vergessene Generation. Die Kriegskinder brechen ihr Schweigen, 13. Aufl., München 2010

Böschemeyer, Uwe: Machen Sie sich bitte frei. Entdecken Sie Ihre Furchtlosigkeit, Salzburg 2012

Ders.: Unsere Tiefe ist hell. Wertimaginationen – Ein Schlüssel zur inneren Welt, 6. Aufl., München 2014

Ders.: Warum nicht. Über die Möglichkeit des Unmöglichen, 2. Aufl., Salzburg 2014

Buber, Martin: Der Weg des Menschen nach der chassidischen Lehre, Heidelberg 1986

Eldredge, John: Mach mich stark fürs Leben. Was nur Väter ihren Kindern geben können, Gießen 2005

Feldmann, Christian: Dietrich Bonhoeffer – »Wir hätten schreien müssen«. Ein Leben. Ein Zeugnis, Freiburg i. Br. 2015

Frankl, Viktor E.: Ärztliche Seelsorge. Grundlagen der Logotherapie und Existenzanalyse, 4. Aufl., München 2013

Freud, Sigmund: Abriss der Psychoanalyse. Das Unbehagen in der Kultur, Frankfurt a. M. 1972

GEO Wissen. Die Welt verstehen: Väter. Was sie so besonders macht, Nr. 46

Gonzalèz, José Luis: Der Brief, in: Peter Schultze-Kraft (Hg.), Der Herr der Berge. Südamerikanische Geschichten aus alten und neuen Zeiten, Darmstadt/Neuwied 1979
Grass, Günter: Im Krebsgang. Eine Novelle, 9. Aufl., München 2014
Hell, Daniel: Seelenhunger. Vom Sinn der Gefühle, Bern 2003
Hoffmann, Sven O./Hochapfel, Gerd/Eckhardt-Henn, Annegret/Heuft, Gereon: Neurotische Störungen und Psychosomatische Medizin. Mit einer Einführung in die Psychodiagnostik und Psychotherapie, 8. Aufl., Stuttgart 2009
Plener, Paul: Suizidales Verhalten und nicht suizidale Selbstverletzungen. Manuale psychischer Störungen bei Kindern und Jugendlichen, Berlin/Heidelberg 2015
Salcher, Andreas: Der verletzte Mensch, Salzburg 2009
Zink, Jörg: Atem der Freiheit. Vom Leben im Offenen, Stuttgart/Zürich o. J.

Auswahl der Literatur von Uwe Böschemeyer

Die Kraft deiner Gedanken, Hamburg 2002
Die Sprache der Träume, Hamburg 2002
Sich selbst bejahen, Hamburg 2002
Sinn für mein Leben finden, Hamburg 2002
Gespräche der inneren Welt, Hamburg 2006 (Books on Demand)
Gottesleuchten. Begegnungen mit dem unbewussten Gott in unserer Seele, München 2007
Vertrau der Liebe, die dich trägt. Von der Heilkraft biblischer Bilder, München 2009

Du bist mehr als dein Problem. Uli – eine ungewöhnliche therapeutische Begegnung, München 2010
Du bist viel mehr. Wie wir werden, was wir sein könnten, Salzburg 2010
Warum es sich zu leben lohnt, Salzburg 2010
Das Leben meint mich. Meditationen für den neuen Tag. Ein Jahrbuch, 6. Aufl., Hamburg 2012
Machen Sie sich bitte frei. Entdecken Sie Ihre Furchtlosigkeit, Salzburg 2012
Begeisterung fürs Leben, Hamburg 2013
Unsere Tiefe ist hell. Wertimagination – ein Schlüssel zur inneren Welt, 6. Aufl., München 2014
Warum nicht. Über die Möglichkeit des Unmöglichen, 2. Aufl., Salzburg 2014
Worauf es ankommt. Werte als Wegweiser, 8. Aufl., München 2014

Informationen

Weiterführende Informationen zu *Einzelsitzungen*, zur *Schule des Lebens*, zur Ausbildung in *Wertorientierter Persönlichkeitsbildung WOP® (Logotherapeutisches Präventionskonzept)* und *Fortbildung in Wertimaginativer Logotherapie* sowie zu weiteren Veranstaltungsformen erhalten Sie hier:

Institut für Existenzanalyse und Logotherapie Salzburg
Europäische Akademie
für Wertorientierte Persönlichkeitsbildung Salzburg
Getreidegasse 31
5020 Salzburg
E-Mail: office@boeschemeyer.at
www.boeschemeyer.at

sowie
Hamburger Akademie
für Wertorientierte Persönlichkeitsbildung
Friedrich-Legahn-Straße 2
22587 Hamburg
E-Mail: sekretariat@boeschemeyer.de
www.boeschemeyer.de
www.corinna-boeschemeyer.de